世界を変える思考力を養う

オックスフォードの教え方

岡田昭人
OKADA AKITO

HOW THEY TEACH AT OXFORD

LEARNING TO THINK AND CHANGING THE WORLD

朝日新聞出版

オックスフォードの「教え方」が、なぜ今必要なのか

オックスフォードは、ロンドンから西北に電車で約1時間の場所に位置し、今も中世の街の面影を残す伝統的な都市です。英国の彼の地に建てられたオックスフォード大学は、11世紀に創立された英語圏最古の大学であり、現在は38校のカレッジによって構成され、学生の総数は1万9000人を超えます。

毎年公表される全世界大学ランキングでは上位を占める常連校で、「オックスブリッジ」として並び称されるケンブリッジ大学と共に伝統、教育、施設の充実度、すべてにおいて創造性豊かな最高レベルの学問を受けることができます。全世界から優秀な学生が集い、日々それぞれの夢に向かって勉学に励んでいます。

またオックスフォード大学は英国型ジェントルマン育成の場としても有名です。

「**ジェントルマン**（**紳士**）」は、世界で共通する賞讃の意味を込めて用いられる言葉です。つまり、人々にとって「ジェントルマン」とは、「高い教養と礼儀」かつ「やさしく謙虚」という両側面を持った人のことです。「あなたはジェントルマンですね」と言われると日本人は何だか照れくさく感じることでしょう。

私はジェントルマンには「別の顔」があると思います。

「ジェントルマン」とは、裏を返せば「高いプライドと知的武装」かつ「無言の圧力」など、人間関係においては「相手につけ入るスキを与えない」スキルや雰囲気を身に付けている人々のことなのです。

日本と同じ島国のイギリスが、世界をリードする国であり続けている理由がここにあると考えられます。

世界の常識を覆し続けるオックスフォード

オックスフォード大学は、世界中の指導的政治家や財界人を数多く輩出しています。英国国内ではマーガレット・サッチャーやトニー・ブレアなど26名のイギリス首相が大学の出身者です。

経済学の父アダム・スミス、『リヴァイアサン』で知られる哲学者トマス・ホッブスなど歴史に名を残した人々、『指輪物語』の著者で作家のJ・R・R・トールキン、数学者でありながら『不思議の国のアリス』の著者としても有名な作家ルイス・キャロル。

その他にも理論物理学者のスティーヴン・ホーキング、ミャンマーの指導者アウンサン・スー・チーなど50名以上のノーベル賞受賞者、またオリンピックメダリストも多数いる、まさに文武両道の名門大学です。「Mr.ビーン」でおなじみのローワン・アトキンソンもオックスフォード大学の卒業生です。日本人では皇太子徳仁親王をはじめ、著名な卒業生を輩出しています。

イギリス人だけではなく、オックスフォード大学には多くの国々から学生が集まってきます。アメリカ大陸や欧州大陸諸国をはじめ、アジア、中東、中南米、アフリカといった新興国のエリートたちがここで切磋琢磨《せっさたくま》し、学位取得後は自国に戻りエリート・ジェントルマンとして活躍しています。政財界は当然のことながら、医者、大学教授、弁護士、アスリートまたイノベーション産業を起業する者もいます。

同じ英国のケンブリッジ大学と合わせ称される「オックスブリッジ」の卒業生（アルムナイと呼ばれる）は各国で同窓会ネットワークを組織しており、定期的な集まりを持つなど活発な交流活動をしているため、当然ながらその影響力は世界中に広まっています。私も以前、東京で開催された同窓会に出席したときは、徳仁親王ご夫妻もお越しになっておられました。

このような歴史上の偉人も含むOB・OGの実績から、**オックスフォード大学の理念を一言で表すとすれば、それは「常識を打ち破る」ということです。**

「コップの中」の閉塞感に苛まれる日本人

ここで、私の自己紹介をさせていただきます。

私は、日本の大学で経営学を専攻し、卒業してすぐアメリカに留学しました。その時はただ単に「世界に飛び出したい」という一心で留学の道を選び、片道航空券での渡航でした。ニューヨーク大学大学院に入学し、当時日本ではまだ新しい分野であった「異文化コミュニケーション論」を専攻し、異なった文化圏に属する人々の間に起こるさまざまなコミュニケーションの摩擦の原因と解決法を学びました。

博士課程では英国を留学先に選びました。オックスフォード大学を選んだ理由は、英国に留学するなら最高峰の大学を目指したい、世界中のエリートたちと意見を闘い合わせたい、そして研究者になりたい、という夢を叶《かな》えたかったからです。その4年後には、日本人では初となる、教育学大学院の博士号取得者となったのです。

帰国後は東京外国語大学で教鞭をとる機会に恵まれました。日本人学生はもちろん、さまざまな国からやってきた留学生たちと勉学に励む楽しい日々を送っています。

そんな大学で教鞭《きょうべん》をとる私が、なぜ、本書を書こうと思い立ったのでしょうか。**それは今日の日本の人創りに疑問を抱いているからです。**

日本の子どもたちは、幼いころから学校や塾などの受験を目的とした勉強に追われ、人生で最も多感な時期を失っています。大学は「レジャーランド」と皮肉な意味を込めて呼ばれ、入学さえできれば、後は遊んでいても卒業できると言われています。

また企業側も、大学の教育には期待をしておらず、仕事に必要な知識や技能は就職後に企業が行う、という習慣が根強く残っています。最近では、それも満足に行われているのは、一部の大企業に限られるのではないでしょうか。

このような一貫性を欠いた教育システムは、グローバル化が進む現代社会の人創りに不適切で、時代遅れなのです。

ビジネスの競争力という側面でも、日本人はかつての輝きを失っているように思えます。国内外の厳しさを増す環境の中で失敗を恐れるがあまりに、商品開発もランキングを見ながらヒット商品の二番煎じ、三番煎じに汲々《きゅうきゅう》とし、マネジメント層も業界の動向を横目で見ながら前例や慣習を打破するような、思い切った決断をしようとはしません。

結果としてあらゆるカテゴリーで閉塞感《へいそくかん》が漂い、非連続的なイノベーションは生まれず、純粋な売上の規模や、グローバル競争下でのプレゼンスは落ちる一方です。

国内や同じ業界、もっと狭い視野では社内や部署内という**「コップの中」の常識や価値観、判断基準を絶対と信じ込み、縛られているのではないでしょうか。**

今や前例や慣習を打破するような発想を生み、実現する力のある人材は「絶滅危惧種」にすらなりつつある、という危機感を持ってもよいと思います。

悪《あ》しき慣例を突き崩し、大学と企業が一体となってグローバルな世界を生き抜く人創りを真剣に考えなければならない時代を迎えている今こそ、何らかのアクションを起こさなければならない、そうした思いが本書の出版に繋がったのです。

日本人に欠けている「6つの能力」

本書では、私自身の英国のオックスフォード大学をはじめとする海外での教育体験や、東京外国語大学での教育実践を振り返り、世界を舞台に活躍するグローバル人材になるために必要な、習慣や価値観、ジェントルマン精神、とりわけ現代の日本人に欠けていると思われる「**6つの能力**」の身に付け方を読者の皆さんに伝えたいと思います。

オックスフォード大学の人々に共通する「特質」とは、大きく分けて6つの能力に分別できます。

①統率力：自然に人の上に立ち、他のものをリードする力
②創造力：模倣を繰り返し、そこから斬新な発想を生む力
③戦闘力：相手の意志を尊重しながら、結果的に自身の主張を通す力
④分解力：問題解決の近道として問題の所在を分析する力
⑤冒険力：試練や苦難を糧として邁進《まいしん》する力
⑥表顕力：自身を深く印象付ける力

6つの能力は2つに大別することができ、この両方を統合することによってさらに強力な能力となるのです。

人間関係の能力（相互に関係）**：統率力、戦闘力、表顕力**
個人の能力（人間関係における能力を発揮するための武器）**：創造力、分解力、冒険力**

以下では、実際に私がオックスフォード大学で受けた授業経験をふまえながら、そこでしか得ることのできない特別な教育方法や人材育成のノウハウを、さまざまなエピソードを通じて読者の皆様にご紹介したいと思います。

「教えること」こそが最高の学びである

本書では、これら6つの能力のポイントを具体的な42の方法として、なるべく多くの体験談を交えながら紹介するよう心がけました。

また6つの能力をオックスフォード式の「教え方」のコツと関連させることによって、上司と部下、教師と生徒、親と子ども、の関係でこうした能力をできる限り効率よく身に付けさせる技法も紹介したいと思います。

また、後ほど教育学のエビデンスからも述べますが、人間にとって知識や教養が最も深く定着するのは、「人に教えるとき」です。

その意味で、「**教えることこそが最高の学びである**」と断言できます。

すなわち、本書の内容は部下や後輩への指導・育成に役立つものであると同時に、あなた自身の学びや成長を最大化するヒントを凝縮した一冊でもあると確信しています。

教え方の本であると同時に「学び方」の本であるということです。

新たな考え方や発想を伝える場合もあれば、読者の方がすでに知っていて、日頃から習慣付けられている能力をもう一度見直す、そして確信してもらえるきっかけを作ることを目的としました。

学生や教師など教育現場に関わる人々はもちろん、若手のビジネスパーソン、キャリアアップを目指している人々、そして社員の人材育成を担う管理職の方々すべてを対象にしています。

この本で紹介するオックスフォード大学の教え方や「6つの能力」が、皆さんの日々のコミュニケーションや仕事に役に立つことができれば、また人を教える立場にある皆さんのヒントとなれば、とても嬉《うれ》しく思います。

著者

世界を変える思考力を養う　オックスフォードの教え方　目次

Chapter 2

人と集団を成功へと導く「統率力」

A wise man changes his mind, a fool never.

Chapter
3

非連続の発想を実現する「創造力」

Rules are made to be broken.

Chapter
4

チームワークで勝ち抜く「戦闘力」

Better the devil you know than the devil you don't.

Chapter
5
正解のない問題に向き合う「分解力」

Every cloud has a silver lining.

Chapter

6

慣例や予定調和を打破する「冒険力」

The proof of the pudding is in the eating.

Chapter

7

相手に最高の印象を与える「表題力」

A Jack of all trades is master of none.

カバー写真：アフロ
ブックデザイン：小口翔平＋平山みな美（ｔｏｂｕｆｕｎｅ）

Chapter

1

日本にはない世界のトップ校の「教え方」

Common sense ain't common.

01

「チュートリアル」という名の知的問答

オックスフォード大学（以下、ＯＸＯＮ《オクソン》）と日本の大学の教育を比べた場合、決定的に違っているものは何だと思いますか。ＯＸＯＮを知る学生が口を揃《そろ》えて言うのは、「**チュートリアル制度**」でしょう。

ＯＸＯＮには、もちろん普通の大学で行われている講義やセミナーなどもあるのですが、それらはあくまでも補佐的なもので、学生はよほど興味がない限りは出席しなくてもいいのです。さらにこうしたクラスでは、毎回出席がとられたり、試験が課されたりすることもありません。

ですので、学生は講義だけをいくつか受けても、ＯＸＯＮの教育を受けたことには全然なりません。なぜなら学生にとって、勉強することは授業を聞くというよりも、「チュートリアル」が中心であるからです。

お互いの思惑や立場を尊重するチュートリアル

「チュートリアル」とは、教員と少数の学生が対話をすることによって知識や理解を深めていくという教育方法のことです。

多くの場合、チュートリアルは、週に1回1時間、学生1人に（または2～3人）に1人の指導教員（チューターまたはスーパーバイザーと呼ばれる）がついて行われます。

その日にまで、毎週、何冊もの文献を読破することが求められ、それらを読んだ上で教員から言いわたされた課題に応えるエッセイ（小論文）を毎回書いて提出しなければなりません。ただ本の内容をまとめるのではなく、課題に応じた分析と自分の考えを書きます。このエッセイをもとに毎回教員との間で質疑応答や議論するのです。

オックスフォード大学では、この「チュートリアル」によって次のような能力を育てることが目的とされています。

①分析・統合・表現能力

②批判力と討議能力

③協調して問題解決を図る力

すなわちチュートリアルを通じて、分析力、議論する力、批判的な思考力、そして他者と討論しながら自分で考える力、が育つと考えられているのです。

実際に私が経験したチュートリアルの様子を紹介したいと思います。

チュートリアルの日

チュートリアルの日、たくさんの文献を抱え教育学大学院の建物に行く私の足取りは重くなっていました。指導教員のデービット・フィリップス教授の部屋は歴史的な建物の2階にあり、重い木の扉をノックすると「カム・イン」という教授の声が聞こえ、部屋に入ります。二人はテーブルを挟んで座り、準備が整ったところでいよいよチュートリアルが始まります。

①分析・統合・表現能力

まず教授から、毎回読んできた文献に関してどのような新しい知識が得られたのか、について10分ほど説明が求められました。本の内容を詳細に話すのではなく、読んできた文献全体を通じてどのような知識を得たのか、研究テーマにどのように関わってくるのかなどを、簡潔に述べなくてはなりません。

学生は1週間当たり最低5～10点の文献・論文・資料を短期集中で読み込み、さまざまな知識を吸収します。かつそれをエッセイにして書くことによって、一人で「考え」「表現する」力が身に付くのです。

②批判力と討議能力

次に、あらかじめ与えられた課題について教授から質問が出されます。自分で書いてきたエッセイをもとに教授からの質問にすべて応えなければならないのです。

「この言葉の定義はなんですか？」

「君がこのように考えた根拠はなんですか？　データはありますか？」

「この記述は君の意見ですか？　それとも文献に書かれてある著者の意見ですか？」

「実際に起こったことばかりが書かれていて、君自身の解釈や批判的な議論が全くなされていないのではないか？」

そして時には「このようなエッセイのレベルでは全然話にならない」といった厳しいコメントを浴びせられることもありました。

OXONの学生はだれもがこのチュートリアルの洗礼を受けるのです。しかし、たとえ回答に窮する場に直面しても、学生は決して怯《ひる》んではいけません。与えられた意見やコメントに対して何とか耐えながら、教授の出す質問と格闘しなければならないのです。

当初、私にとっては質疑応答の段階が最もストレスがかかるものでした。しかし、私が文献を通じて得た知識、自ら表現・理解・思考したプロセスに対して、教授の質疑や、相互の議論が、さらなる働きかけをすることに気づきました。

この質疑応答を通じて、知識の読み取り方、考え方への評価、そして新たな視点を得ていくことになるのです。

③協調して問題解決を図る力

山場の質疑時間が終わると最後は10分程度のまとめに入ります。この段階では、毎回のチュートリアルで何を得たのか、今後はどのような展開があるのかについて、話し合いがされます。教員と学生は討論するのではなく、互いに協調する形で次の目標に向かって意見交換します。

チュートリアルにおける教育と学生の関係は、最終試験や論文完成に向けて「協力体制を組むパートナー」のようなものなのです。この約束があるからこそ、時には厳しい意見がきても、それを受け入れ、また逆に教員に対して少々失礼であると思われるような学生の反論も許されるのです。

大学の「講義」をビジネスの「会議」、「チュートリアル」を「上司と部下の一対一の話し合い」と置き換えてください。講義や会議は参加者数が多ければ多いほど、個人の顔が見えなくなり、発言回数も少なくなるため、思考力を鍛えることになりません。実際、OXONのビジネススクールを卒業した友人もチュートリアルの経験を部下との意思疎通の際に応用しているそうです。

部下の立場では、忙しい上司の時間を無駄にしないために、会議（打ち合わせ）の目的を明確にすることです。連絡事項、報告事項、確認事項、発生した問題の解決法等々です。

一方、上司側は、新入社員はともかく、部下は何をどうやればいいのか戸惑うことがある点を認識しておくべきです。まず、やるべきことを細かく分けて、部下にどこまで理解、実行できているのかを確認します。そして、できたところは褒める、できていないところはどうすればできるようになるのかを考えさせるのです。

「常識を打ち破る」オックスフォード式思考法

OXONでは、医学・法学・理工学のほか、経済学や経営学など、他の国の大学でも学べる専門分野もあれば、修辞学、詩学、哲学、神学など実社会にすぐに役に立たないと思われるような学問もあります。ですが、どの学問領域を専攻しようとも、学生にはある種の共通した教育経験があるといってもいいでしょう。

それは「常識」を打ち破る思考法、についての訓練を日々受けていることです。

「常識」とは、国や社会において、人々の間に広く認められ、もってしかるべき知識や判断力のことを意味します。常識に従って発言や行動をしている限り、特定の社会で正常な人、見識のある人として見なされるでしょう。

しかし、そうした常識も時代の変化とともに価値や意味が違ってくることも事実です。

02

かつては「教育は先生が中心にする行為」「男は仕事、女は家庭」「ビジネスマンは真夏でもスーツを着用する」――このような考え方は日本では「常識」でした。ところが近年では、こうした「常識」も学習者主体の授業の導入、男女共同参画社会の推進、地球温暖化と「クールビズ」の普及などへ、と流れが変わってきています。

「常識」を疑う4つのステップ

常識とは同意する人の数が多いというだけで、いつも合理的だとは限りません。常識に固執してばかりいては、新しい挑戦や創造性は生まれにくくなってしまいます。

OXONに留学した当初は「常識を疑う」ことに戸惑うことがありました。OXONは、まさに常識をこえて現実世界の課題をどう読み解くか、自ら新しい価値基準を設定し、それぞれの論理を構築し合理的な判断を導き出す訓練を、先に紹介したチュートリアルなどを通じてやらせる大学だからです。

OXONの教育学大学院（GES）では、国、政府、国際機関、NGO（非政府組織）、社会や個々の人々の教育課題を取り上げ、ケーススタディとしてディスカッションする授業が中心です。学生は、事前に自分の国の事例を調査し、クラス議論に自分なりの分析、方法論、結論を用意して臨みます。

ＯＸＯＮでは、次のような思考方法で「常識」を相対化させながら、批判する思考の訓練方法を学びました。

①「常識」と思われることの「真逆」を考えてみる

「学校に通わなければ知識は学べない」→「学校に通わなくても知識は学べる」

②「常識」によって導かれている行動を批判する

「すべての人は学校に行かなければならない」→「学校に行くことができない状況にあるものはどうするのか」

③「常識」を批判する場合の対案を考える

「学校以外の場所、教育方法で知識を学ぶ」→「インターネット配信授業の可能性」

④新しい常識の構築と効果の検証

「インターネット配信授業の普及」による教育効果をデータなどで検証する。

ここで、ＯＸＯＮのビジネススクールを卒業した友人から聞いた話を紹介しましょう。とある新興国へエンジニアを率いてインフラ調査に行き、報告書を役員に提出したときのこと。さまざまな地域のインフラを、理系エンジニアの視点、文系ユーザーの視点、インフラを維持管理する人的要素の視点、地方政府のガバナンスなど多面的に分析した結果、業界の常識的な選択肢である「ハードが大きく新しい地域」ではなく、「本質的なサービスが秀逸なところ」に建設地が最終決定されたそうです。

ＯＸＯＮの教育で培われた、常識を疑う姿勢、自分の力で問題を解決する力が役に立ったそうです。

「常識にとらわれる」とはチャンスを捨てること

教育学大学院で「リサーチ方法論」を受講したときの教授の言葉が印象的でした。

「**常識にとらわれすぎることは、思考停止していることに他ならない**」

私自身、大学までは日本で教育を受けてきました。

まさに国内の知識吸収型のシステムで育ってきました。そのため、試験などではテキストを読んで効率的に正解を書き出す力を試されることから、おのずと私の思考も常識的な範疇《はんちゅう》で正答を求めるものとなりました。

ＯＸＯＮは世界中からトップエリートが集まる場所です。欧米圏、アジア圏、中東圏など、文化も違い、価値基準もバラバラです。そのため毎回の授業では日本で通用する教育的な「常識」が是とならないことが多く、私の主張の全面的な根拠とならないこともありました。

また教授陣は、一方的な講義形式の教え方をしません。さまざまな楽器を束ね、美しいメロディーへと導くオーケストラの指揮者のように、学生間のディスカッションを取りまとめることに徹し、議論の幅を広げていくのです。

しかし、「常識」と呼ばれるものすべてをむやみに破ろうとすることは避けなければなりません。「人に会ったら挨拶《あいさつ》をする」ということは、人間関係やコミュニケーションを円滑にするための、世界共通の「常識」でしょう。

重要なのは、非合理的でありながらも慣習として残っている「常識」を見つけだし、取り除いていくことです。

道理なき慣例は教えない

教育現場であれ企業であれ、教える者と教わる者の間では次のような会話がみられます。

学生や部下：「この問題にどう回答・対応すればよろしいですか？」
教師や上司：「この手の問題はこうやればいい。いつもこうやっているから」

「いつもこうやっているから」というのは、特別な「道理」なんて必要ない、「慣例」に従ったやり方でことを進めればよいという、特に日本の学校や会社ではよくあることではないでしょうか。

たとえば、「授業中に分からないことがあっても教師に質問してはいけない」「サービス残業は当たり前だ」など、不条理と思えるものが多くあります。

日本人は誰もが他者と同じようにありたい、「長いものに巻かれろ」という傾向が強いとよくいわれます。人が集まる学校や会社組織になると、そうした「集団主義的」心情はさらに強まり、組織の慣例やしきたりに疑いなく従ってしまいます。

ですが、一般的に「個人主義」とよばれる西洋の社会では、このような集団主義的な志向はあまりみられません。ＯＸＯＮでも、個人が自分の考え方をしっかり持ち、また他者とは違った意見やアイデアを出すことが尊重されます。

教える側の立場としてどのようなアドバイスをあげたらいいのかを考えるようにしました。特に2点に絞って説明したいと思います。

道理のある慣例をあえて教える

挨拶やマナーなど基本的な生活習慣や、学習や仕事上で最低限必要と思われるようなスキルさえも、教わる側が身に付いていないことがよくあります。

約束時間を守ること、ノートのとり方、話の聞き方など、「これも教えないと駄目ですか」と思う人もいるかもしれませんが、教えるのです。当たり前のことを実行するのは思っている以上に難しいものです。

「やらなくてもいい」ことを教える

教わる側が一番困っているのは、どの慣例が正しく、どれが正しくないのかが自分では判断できないということです。

別の言い方をすると、どこまで自分で作業をやればいいのか、どこまでできればいいのかの境界線が分からない、ということになるかもしれません。

そのような時は、まずやらなくてもいいことやできなくてもいいことを明確に指示すると学習がスムーズに進みます。その例を一部紹介します。

「やらなくてもいいこと」

□問題集を全部繰り返しやる必要はない。苦手な部分だけ集中的に取り組む
□レポートを書くときは情報を集め過ぎない。基本文献は5冊以内に抑える
□教師が黒板に書いたこととまったく同じようにノートにとる必要はない
□発表をするときは準備してきた内容通りに進めなくてもかまわない

「できなくてもいいこと」

□教員と話すときは正確な敬語が使えなくてもいい。相談ははっきり伝えることを優先させる

□パワーポイント資料などは高度なテクニックやスキルを使わなくてもよい

□留学生と英語でディスカッションするときは完璧に話せなくても大丈夫

□卒業論文やレポートは学者が書くような文体でなくてもかまわない

なぜ、学生や新入社員はこんな基本的な対人マナーや学習スキルが身に付いていないのだろうと、一緒にいる時間を作って、観察する習慣がつくと実感します。つねに自分の目線を教わる側に置く。そして、相互に話し合える関係性を築く。黙って慣例に従って学習・仕事を続けていくよりも建設的で、個人の人材としての成長性、組織の効率性を上げていく上で大きなメリットがあります。

まずは教える側が「これはおかしい」と慣例を疑問視する姿勢を持ち、できるだけ具体的に教わる側に伝える。教わる側も失敗を恐れず、与えられたチャンスに積極的に挑戦する雰囲気を作り出すことです。

教えることこそが最高の「学び」である

04

ＯＸＯＮの教育方法学の授業で、教授が黒板にピラミッドのような図を描きました。**「ラーニング・ピラミッド」**と呼ばれるもので、受講者が、授業やセミナーなどで学んだ内容を半年後にどれだけ記憶しているかを、教え方の形態や学習の仕方で比較したものです。

学習者が講義や講習を聴いただけの場合は、内容のわずか5％しか記憶に残っていないのです。読書の場合は10％、視聴覚教材による学習は20％、科学の実験などが30％となっています。こうした従来型の学習方法では、知識の定着率はとても低くなっています。

それに対して、35ページのピラミッドの下位の部分を見てください。「チーム学習」の層では、知識の定着率は「グループ討論（話し合い）」が50％、「体験を通した学習」75％となっています。そして驚くべきことに最も知識が定着する方法は「他人に教えた経験」

であり、記憶に残る率は90％となっています。

読者の皆さんも思い出してください。学校や職場、またセミナーなどを通じて学んだことで、現在でも記憶に残っているものはなんでしょうか。おそらく講義形式を通じて学んだことは、残念ながらほとんど忘れてしまっているのではないでしょうか。

つまり、日本の学校教育や教え手の一方通行のセミナー講習のように、学習者が受け身になる授業ほど、知識や内容が身に付いてないことになるのです。ですが、人に何かを教えたことは、比較的長い間、記憶に残るということがさまざまな研究の結果、明らかになっているのです。

子ども、学生だけでなく、社会人においても、「相手に教える」ことは、**「ピア・サポート（同じような問題に直面する人同士がたがいに支えあう）」**とも呼ばれ、非常に有効な知識の獲得方法として認められているのです。

この「ピア・サポート」の仕組みを取り入れると、飛躍的に課題やプロジェクトへのモチベーションが上がったり、知識の定着率が上がったりします。また、そのような学習のメリハリが、授業や仕事中の私語をなくすことにもつながります。

人に何かを教える場合、学ぶ側の人に次の5つの点を心掛けさせてください。

ラーニング・ピラミッド

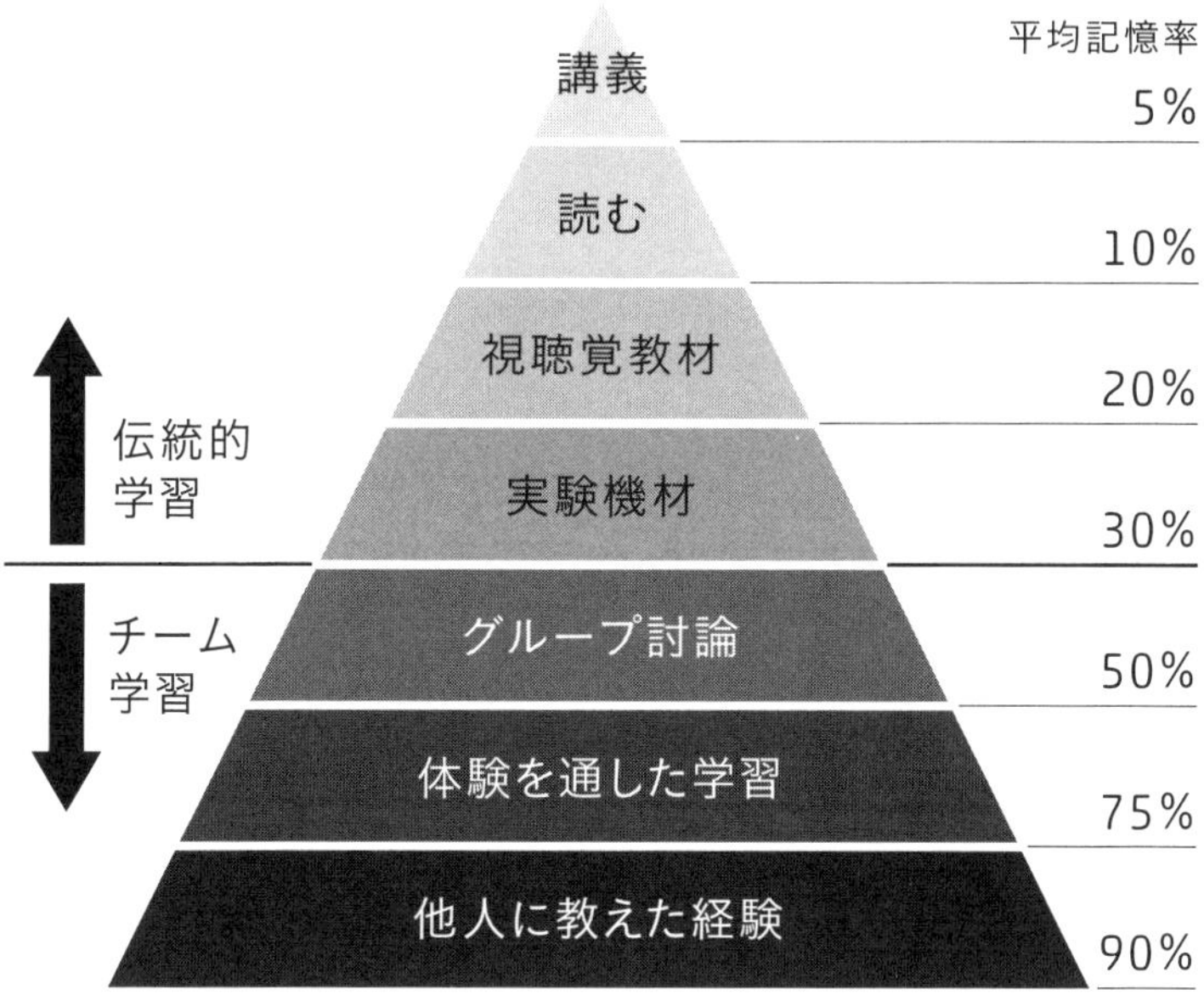
平均記憶率
講義
5%
読む
10%
視聴覚教材
20%
実験機材
30%
グループ討論
50%
体験を通した学習
75%
他人に教えた経験
90%
伝統的
学習
チーム
学習

①紙に書かせる

教える側の人は、学習する内容をついつい自分で言葉や図を書いて教えてしまいがちです。学習者に自分で書かせることによって「知識を取り込む習慣」を身に付けさせます。

②自分の言葉で語らせてみる

学習者に一定の時間を与えて、紙やメモに書かせたものを自分の言葉で語らせてください。この時は、言葉遣いや話し方などは気にせず、学習者が自信を持って話す雰囲気を保つようにしてください。

③適度な休息とエネルギーの補給

学習者に①②の行為を繰り返させていると、たいていの人は疲れてくるものです。そこで、時間を区切って定期的な休息を入れてください。深呼吸や伸びをさせることにより脳に酸素を行き渡らせること、また適宜水分や甘いものをとらせることも必要です。

④学ばせる内容を限定する

限られた時間内で、あまり多くのことを学習者に一度に教えてはいけません。あらかじめ最も重要であると考えられるものを3つ程度決めておきます。一度に多くのことを覚えさせるのではなく、小分けに教える方が記憶しやすいそうです。ある知識全体を思い出すことはできなくても、そのうちのどれか一つを思い出す方が簡単なのです。

⑤すでに知っている知識に結びつける

新しい知識を吸収させるときは、学ぶものをすでに知っている事柄に関連づけて記憶させるとよいでしょう。学習者が持っている知識と新しい知識を、自分なりに工夫させて繋げてしまうのです。

たとえば、英単語のamend（訂正する）は「あ、面倒だけど訂正する」とイメージを与えれば分かりやすいでしょう。この他にも、語源、ローマ字、ゴロ合わせ、なども有効な手段です。また、だれもが子どもの頃に一度は覚えた歌などの「替え歌」も効果的です。

教師や上司は、生徒や部下に短期間でできるだけ多くのことを学ばせたいと思います。相手のペースや気分などを考慮せずにただ教えるだけでは、かえって相手の記憶にはなにも残らないのです。思い切って、「学ぶ側に教える」経験を積ませて、必要な知識を習得させる方が近道となるのではないでしょうか。

05 ゲーム感覚で体得する友好的な他者批判

教育哲学の初回授業の時のエピソードです。

授業の冒頭で教授から「3人一組」で座り、そして「教育とは何か」について3人で議論するよう指示がだされました。しかも、ただテーマについて話し合うだけでなく、「お互いに批判しなさい」と言われたのです。

まず1人目が「教育は何かについて」の定義を述べ、次に2人目が1人目の述べた定義に対して批判し、そして3人目はその両者の定義を批判するといった形式でした。所要時間は約30分程度で議論を数回繰り返し、議論が終わった後はクラス全体で、何を議論したのか話し合うのです。

私は最もタフなグループに入ってしまいました。

メンバーの一人は、パブリックスクール（英国の伝統的な高等学校）を卒業してオックスフォード大学の最も有名なカレッジ、映画「ハリー・ポッター」の舞台ともなったクライストチャーチで数学を専攻するイギリス人のアレックス。もう一人は、いつも冷静で目つきの鋭い、メキシコから来た新進気鋭のジャーナリストのゴンザロでした。

まず、イギリス人のアレックスが「教育と何か」について自分の定義をスラスラと話し出しました。自分の生きてきた人生に重ね合わせながらいかにも誇らしげに語っています。

次にゴンザロはアレックスの述べた定義に対して、一つ一つ厳しく批判を加えています。ジャーナリストとしての魂が騒ぐのでしょう。

そして最後に、私はこの両者の定義を批判することになったのです……。

その時私は、あまりにも必死になっていたので、どのように答えたのかほとんど覚えていません。ですが、この課題の経験は今でも強烈に記憶に残っています。

この課題を通じて分かったことがありました。

一つのテーマに関して相互に批判することが、全体としての議論を深め、さらに高度な問題意識へと展開していくということです。こうした考え方の背景には、古代ギリシャの「対話法」があると言われています。

相手と意見を「楽しく」ぶつけ合う方法

日本では人々は義務教育段階から「他者の意見を面と向かって批判してはいけない」「和を大切にしよう」といった考え方を教え込まれます。こうした文化で育った日本人にはどうも他者の意見を批判すること自体に抵抗を感じてしまいます。

私はさきほどの課題を、実際に自分の授業で採り入れています。

上記と同様に「教育とは何か」について定義させ、相互に批判させ合うのですが、毎回学生からは必ず「えっ!?」と戸惑うような反応がきます。

とりあえず5分ぐらいやらせてみた上で、議論の途中で全員にこの課題を行う上で前提となる3つのポイントを説明します。

- **お互いしっかり向かい合うこと**
- **批判することは議論を深めること**
- **ゲーム感覚で楽しむこと**

このような説明を加えると、最初はたどたどしく話し合いを始めた学生たちが、少しリラックスして批判し合うようになります。

全体で15分ぐらい批判させ合い、話し合いが終わると、皆の前に2人を立たせて、実際に批判のやり取りを披露させます。

そして最後に他者の意見を批判する際の効果的な議論の方法を説明します。

①まず、相手が話しているときはよく聞いて、いったん受け止める
②相手の意見全体を批判するのではなく、同意部分と非同意部分を明確にする
③そして相手の意見の同意できない部分のみ批判する
④最後に自分の批判した点に関して必ず対案を述べる

するとどうでしょう。最初は相手の意見を批判することに躊躇していた学生が、お互いはっきりと他者の意見を批判し、イキイキと話し合うようになります。

相手の批判に感情的にならない4つのコツ

他者を批判することに慣れていない私たち日本人は、他者の「意見」を批判することと、その人「自身」を批判することを混同してしまいがちです。

前者は建設的で意義のある行為ですが、後者はややもすれば相手の人格攻撃になってしまうので、これらが全く違うものであることを、まずははっきり認識させることです。

スポーツにルールがあるように、討論やディベートなど他者の意見を批判する場合にも規則があるのです。これがなければ単なる喧嘩《けんか》、意味のない言い争いになってしまうだけです。

また、相手を批判して追い込みすぎると、話し合い自体が進展しなくなってしまうことがあります。明らかに相手が返答に窮するような場合は、「反論の余地」を残してあげることが大切です。

たとえば、自分が相手を批判する際に、「私の考えは○○なところが不十分だと思うのですが」と切り出すなど、前もって相手に批判の余地を言うとよいでしょう。

上司と部下の間でも時には激しい意見のぶつけ合いが生じるときがあると思います。特に上の立場にいる者が感情的になってしまうと、相手が萎縮してしまい、効果的な他者批判ができなくなってしまいます。

上司の立場にある方は、感情を極力抑えるワザを身に付けてください。私は、自分の感情が爆発しそうになったときは以下の4点を心掛けています。

①即答しない

「少し考える時間をください」などと言い、5分ぐらいインターバルをとる。

②少し目を閉じる

目は口ほどにモノを言うので、感情を読み取られないようにする。

③心の中で叫ぶ

①と②をしている間に、心の中で「私は怒っている！」とゆっくり3回叫ぶ。

④静かに深呼吸

大きく息を吸い込んで、吐くときは1分ぐらいかけてゆっくり吐く。

文章の論点を明確にする「パラグラフライティング」

06

日本では文章を書く際、「起承転結」という言葉をよく耳にします。この形式は元々、漢詩の一種である「絶句」という詩型から来ています。気を付けなければならないのは、「起承転結」は、日本語の物語や詩を書く際に効果的な表現方法ですが、世界基準の論文や報告書など、実務系の文章には向いていないのです。

私には日本の大学で教えているOXON時代のイギリスの友人がいます。彼らは英語で自分の専門分野を学生に教えており、提出させるエッセイなども英語で書かせています。日本で教鞭をとる英語ネイティブ教師が言うには、「日本人学生の書く文章は、論点や論述のしかたが不明瞭で、何を伝えたいのかがよく分からない」ということです。

私自身も米国と英国への留学中は同じようなことを教師から言われたことが少なくあり

ません。これは、なにも英語の文章だけでなく、学生に日本語で書かせた場合にもあてはまることです。

文章の構造：「入れ子構造」

学生がレポート等を書くときには、「**パラグラフライティング**」をするように教えています。パラグラフとは日本語で「段落」のことを意味しますが、ここでは「行を改めて、1字下げて書き始める」だけのことではありません。パラグラフの組み立て方にはルールがあります。そのルールを意識して書くことで、読みやすく、読者が理解しやすい文章を作ることができます。

この「パラグラフ（段落）」こそが、文章の質を決めます。各パラグラフの冒頭数行ずつを読めば、書き手の主張を大雑把に把握できる文章を書くことが肝要です。

「パラグラフライティング」で文章を書く際には、「主張・トピック（話題）の提示→具体化・説明」という順序になります。理由や結論に至った経緯を順序立てて長々と述べてから、最後に結論を述べるような文章を書く人がいますが、それでは、最後まで読まなければ、言いたいことが伝わりません。それだけでなく、読者は、著者が何を言いたいのか分からないまま、手探り状態で文章を読まなければなりません。図に示したように、文章全体で訴えたい「主張」を第1パラグラフで真っ先に提示します。

第1パラグラフの目的は、「主張」の提示と主題の説明／文章全体の要約です。主張を提示したら、第2パラグラフ以下で述べることを要約しておきます。こうすることで、読者は、文章の全体像を把握したうえで読むことができます。

第2パラグラフ以下では、主張を裏付ける根拠や理由を示していきます。最初のパラグラフで、主張を明示し、第2パラグラフ以下で、具体的な説明や理由を述べる、これが基本です。

各パラグラフの中も、「トピックの提示→具体化・説明」という構造にします。すなわち、1つの文章で「第1パラグラフと第2パラグラフ以下」、1つのパラグラフにおける「第1文と第2文以下」は、いずれも、「主張・トピックの提示→具体化・説明」の関係が成立します。

1つのパラグラフで1つのトピックを述べる

分かりやすい文章を書くためには、「1つのパラグラフで、1つのトピックを述べる」

文章の構造

文章
第1パラグラフ
主張の提示
主題の説明／文章全体の要約
第2パラグラフ
トピックの提示
具体化・説明
第3パラグラフ
トピックの提示
具体化・説明
最終パラグラフ
結論

ことが大切です。そのため、各パラグラフの冒頭で、必ずトピックを提示してから、詳しい説明をするようにします。こうすることで、そのパラグラフで著者が述べたいことを把握したうえで、詳しい説明を読むことが可能となり、読者の理解を得やすくなります。パラグラフを構成する際には、次の3つのルールを意識します。

①1つのパラグラフでは、1つのトピックだけを述べる
②1つのトピックは、同じパラグラフの中で扱い、同じトピックが、離れた別のパラグラフに登場するのを避ける
③各パラグラフの冒頭には、そのパラグラフで扱うトピックを明示し、そのパラグラフの要約をする

表現の工夫や効果的な修飾も、読者に強いインパクトを与えるために確かに必要ですが、しっかりとしたパラグラフ構造を作ることが先決です。

短時間で正確に把握する「著者目線」の読書術

07

「チュートリアル」の節で述べたように、OXONでは短期間中に数冊の本や論文を読みこなすスキルが必要となります。

OXONにはボードリアン・ライブラリ（BL）という、イギリスでは大英図書館に続く2番目に大きな図書館があります。BLは大学街のちょうど中心に位置しており、ラドクリフキャメラと呼ばれる大学を代表する建築物もBLの一角にあります。500万冊以上の蔵書数を誇り、その中には中世の時代に書かれたマニュスクリプトや楽譜、勘定書なども保有されています。BLの入り口にはガードマンが常時駐在していて、不審者の侵入や盗難防止が厳重にされています。

BLの中に入ると、まるで中世の絵画などに出てくるようなクラッシックな内装と、美しく陳列された蔵書に囲まれた部屋が幾つも連なっていて、落ち着いた静かな雰囲気のなかで学生たちが一生懸命に勉強している光景が目に入ってきます。

私も時間さえあればよくＢＬで読書をしていました。読みたい本や人気がある本などは、貸出中になっていることが多いため、学生は一度に沢山の本を集め、山積みになった机に向かって黙々と読み続けなければなりません。そんな日々を繰り返しているうちに、ある種の読書法が身に付きました。

ここでは、論理的な文章を短時間で効率よく、かつ正確に読むためのスキルを紹介します。物語や小説と異なり、論文や報告書には決まった「型」があります。この「型」を理解すれば、重要な箇所を取捨選択して読むことができ、同時に、読み違いを避け、正確に読むことができます。

「書く」思考が分かれば、「読み」は深まる

文章を書くという行為の前には、必ず試行錯誤があります。書き手は、さまざまな問題や条件を考えながら、何度も書き直し、多数の候補の中から、最良の文章・表現を選択し、最終的に納得したものが活字になって読者の目に触れます。そうした著者の試行錯誤

の過程を読み手の側から確認しながら読めば、著者が伝えたいことを的確に把握することができます。

それでは、書き手や著者の目線に立って読むためにはどのようにすればいいのでしょうか。私は次のステップで本を読み進めるようにしています。

①表題や小見出しに目を通し、何について述べている文章なのか確認する

②文書の導入部分（初めの1～2行）を丁寧に読む

③各項目の冒頭を3～5行ずつ読む。行数はあくまで目安。この作業の目的は、トピックを見つけることです

④前の③で誤読をしていないか確認するつもりで、各章のまとめ部分や結論を読む。自分の理解と一致しないときは、③に戻る

⑤必要な箇所を選択して丁寧に読む。必要ならば、最初から順に丁寧に読んでも良い

何らかの主張や論理的な裏付けを含む本を読む場合、初めから終わりへ、漠然と文字を追ってはいけません。その本が何について書かれたものかを知ったうえで、重点的に読むべき場所を選択する必要があります。そのためには、1冊の本を、読み方を変えて2回読むことが有効です。1回目は大急ぎで全体に目を通し、2回目は重要な箇所を選んで丁寧に読みます。

47ページの「パラグラフライティング」の節で紹介した図をご覧ください。論理的な内容の本は「主張・トピックの提示→具体化・説明」という順序を守って書かれています。そのため、「主張・トピック」さえ分かれば、著者が言いたいことを大まかに把握できます。

本を手にしたら、まず、目次に目を通します。その本を構成する章や節の小見出しを一目でチェックし、どのように論理が展開されるかを読み始める前に把握します。続いて、「序章」と「終章」を丁寧に読みます。なぜなら、「序章」と「終章」には、著者の主張が込められているだけでなく、本の全体像が要約されており、これらを読めば、著者の主張の骨子が分かるからです。

続いて、本全体をザッと読みます。小見出しがついた項目ごとに、各項目の冒頭3〜5行だけを読んでいき、トピックをチェックします。こうすることで、細かいところを読む前に、話の展開の全体を知ることができ、思わぬ誤読を避けることができます。全体像が分かったら、トピックだけでは意味が判然としなかった項目や自分にとって必要だと思う箇所を丁寧に読みます。

難解な文書は読む行為自体に意義がある

在学中、私は専門の教育学に関連する本だけでなく、社会学、歴史学、心理学などさまざまな分野にわたって本を読まなければなりませんでした。特に難解な哲学書などは数時間かけて、ほんの数ページしか読み進めることができませんでした。

書物によって簡単に理解できるものもあれば、まったく内容を把握できないものまで、いろいろあります。これは私だけではなく、他のOXONの学生でも同じでしょう。ですが、たとえ、難解な本の内容をすべて理解できなかったとしても、何時間も読んで格闘した経験は少なくとも得ることができます。

こうした経験を積み重ねることで効果的な読書法を習得するだけではなく、忍耐力が付くのです。そしてこの忍耐力は実際に勉強や仕事で生きてくるのです。

08 「叱咤」と「フォロー」はワンセットで

強く叱られ、注意を受けた後は、誰しも落ち込んでしまいます。規則や指示を破ったから、あるいは目標を達成できなかったから「叱られるのも当然だ」と注意すると、された方はますます萎縮してしまいます。

一般的に「怒る」と「叱る」は違うと言われます。「怒る」ことは相手に対し自分の感情が「反応」しているに過ぎないのです。一方で「叱る」の方は、相手を諭すことが目的であり、その手法の一つとして、自分の感情を「対応」させるということです。

さて、「叱り方」や「注意の仕方」などはさまざまなメディアで、次のように言われており、おおむね納得できるものです。

- **大勢の前では叱らない**
- **ミスについてのみ叱る、人格を叱ってはならない**
- **公正公平に全員を同じように扱う**
- **一度にたくさんの事は叱らない（注意する点は多くて一度に2つまで）**

私もOXON時代、指導教員から論文の書き方、口頭発表のやり方について「叱り」や「注意」を受けました。今では自分の学生たちに注意する立場になりました。時には大声で怒鳴りたくなるほど感情が高ぶることもあります。そんなときは、上記したような諸点を守りながらも次のような点も心がけています。

感情が高まったら10秒数える

相手に対し感情をむき出しにしてしまうと、かえって逆効果になってしまいます。感情が爆発しそうなら、心の中でゆっくり10秒数えてから話すようにしてください。また、どうしても感情が抑えきれないときは、その場をいったん離れ、しばらくしてから叱るとよいでしょう。人にはさまざまなタイプがあり、言葉でいくら注意しても、本人が反省しない限りは意味がありません。「叱り方」のバリエーションを増やすことで、相手にあった方法を探ることが大切です。

・相手が言い訳しているときは、何も言わずに目をみて軽くうなずく

・叱り終わったら、相手の肩にさりげなく手を置く

こうした行為によって、叱っている間でも相手に信頼感と安心感を持たせることができます。

また相手の行為自体を直接叱らないで、婉曲的《えんきょくてき》に伝える方法もあります。

私の場合、夜遅くまで本を読み、レポートを書く日が重なってくると、午前中のレクチャーなどに遅刻してしまうことがありました。申し訳なさそうに教室に入る私に、OXONの授業担当の教授がとった行動が印象的でした。その教授は遅れてきた私を咎《とが》めるのではなく、にっこり微笑《ほほえ》んで空いている席を指さし、そこに座るようにジェスチャーをしたのです。

授業終了後に教授に謝ろうとすると、教授は「学生が皆毎日遅くまで勉強しているのは分かっています。健康にはくれぐれも注意するようにしてください」と、私の身体のことまで気にかけてくれたのです。

叱る相手がしてしまった行為に対して、言葉であれこれ注意するのではなく、逆に寛容な態度をもって接することも効果的である場合があります。

叱った後は共感と勇気づけのフォローアップ

叱られるのは、誰でも面白くないモノです。叱ったままで、その場を終えてしまうと、お互い気まずい感情を引きずることになってしまいます。叱った後は、同時に相手への期待を話し、良かった点などを褒めることで、「よし！　やろう」という気持ちになるように、最後にプラスの感情でコミュニケーションを終了させていくことが大事となります。

たとえば「君は周りにもっと気を配りなさい。君は集中力があるのだからそれを周囲にも向けてくれたら嬉しい」と、先に叱って、後にフォローするようにします。

日本の経済的豊かさ、「ゆとり教育」の影響など、最近、「心の折れやすい」学生や新入社員が年々増えてきているといった記事をよく目にします。仕事のミスを指摘しただけであっても、次の日に辞表を出す人もいるようです。どう対応するのが良いのでしょうか。

皆さんは、昨日は叱りすぎたと人に謝りますか。

叱るべきことを相手の心が折れやすいからといって黙っていては相手のためにもなりません。そこで「心の折れやすい」人には次のように接してください。

①まずは相手に叱る点を的確に伝える。その上で、今度は相手の言い分をよく聞き、同意できる部分をはっきり伝える

②相手の悔しい、悲しい、虚しい感情に共感する

③叱るのはよほどの場合でない限りは、5～10分以内ですませる

④すべてにおいて言葉遣いに注意する

「こうすればよかったのに」「次回はこうしなさい」等は禁句です。「○○さんがこうしてくれたら嬉しい」「○○さんにこうやってもらえたら助かる」のように、命令するのではなく自分の気持ちを相手に伝えるのが大事です。

⑤最後は必ず褒めて期待を持たせる

打たれ強い人に育てるには、叱った後には必ずしっかりフォローアップを行い、「挫折をプラスに受け止める」「自分は大丈夫」と信じさせることが大切です。

また、叱った「翌日」や次に会うときが肝心です。挨拶をしたら、「元気がいいね」と褒めることや、「サッカー日本代表の試合はどうだった」など、なにもなかったかのように振る舞うことも、良好な人間関係を築くことになるでしょう。

また、どうしても自分自身が叱っても相手が聞き入れない場合は、相手が最も尊敬している（怖がっている）人物などに、代わって注意してもらうことも得策だと思います。

Chapter 1

Summary

◆一対一こそがお互いの実力を高め合う

◆チャンスを逃がしたくなければ、「常識」を打ち破れ

◆作業の効率化・価値の最大化は「道理」から考える

◆教えることこそ最高の学びである

◆相手の「意見だけ」を批判せよ

◆「書く」思考を理解し、「読む力」を深める

◆「叱咤」と「激励」はいつもワンセットで

Chapter

2

人と集団を成功へと導く「統率力」

A wise man changes his mind, a fool never.

09 リーダー以外も発揮すべき「統率力」

「統率力」とは多くの人をまとめ率いていく能力、その素養を意味します。「リーダーシップ」と言い換えることができるでしょう。

二人以上の集団で何かをしようと思うと、最終的な意思決定をし、その「責任」を取るリーダーが必要となります。

よくあることですが、「リーダー」や「指導者」と聞くと、組織の最高責任者やトップの業績や成果を上げる人、正論を述べる者、人に好かれる者などといったイメージが浮かびます。

しかし、実際の社会では「統率力」を発揮している人は、必ずしもこうした立場にある人たちだけではないのです。

「ノブレス・オブリージュ」こそ「統率力」の源

ＯＸＯＮの教育方針にはリーダーシップの育成が謳《うた》われています。実際にマーガレット・サッチャーなど歴代の英国首相の多くもＯＸＯＮの卒業生ですし、現在でも世界中で活躍する人々が数えきれないほどいます。

ＯＸＯＮ人のリーダーシップには明確な共通点がみられます。それは一言でいうと「ノブレス・オブリージュ」を持っているということです。皆さんは「ノブレス・オブリージュ」という言葉をご存知でしょうか。日本語では「高貴なる者に伴う義務や責任」と直訳されています。国や社会の上位にいる人々が高報酬や名誉を享受することが許されるのは、大衆を正しい方向に導き、かつ自己犠牲を厭《いと》わない義務や責任を負う限りである、というのがこの言葉の核心です。

ＯＸＯＮには第二次世界大戦中に進んで戦地に赴き、命を散らした若い学生たちのことが今でも誇らしく伝えられています。当時学徒兵として参戦したＯＸＯＮ人たちは、名門の家系、富裕層、芸術家ファミリーなどほとんどが社会のエリート階層の出身者でありました。日本を含め現代の世界情勢を顧みた時、果たしてこうした「ノブレス・オブリージュ」を持ったエリートがどれほどいるでしょうか。
確かに、時代の変化とともに「ノブレス・オブリージュ」の意味も少しずつ変わってきていると思います。簡潔にいうとするなら、私は以下の3つの特質を持った人のことを表す言葉であると思っています。

①社会全体に対する自分の役割と責任をしっかり認識している
職務だけではなく、社会のためにも役に立ちたいという気持ちがある。

②誰に対しても分け隔てなく公平である
自分の上司と部下と接するときにどちらともバランスのとれた行動ができる。

③寛大かつ忍耐力がある
人に対していつも丁寧で優しい態度を示し、かつ他の人のため忍耐する気持ちを持つ。

以下では、「ノブレス・オブリージュ」を持ったリーダーの「統率力」の本質とはどのようなものなのかを見ていくことにしましょう。

10 レベルの違う集団を教え導く

集団を教える効果的な方法

ＯＸＯＮをはじめ、世界のエリート大学には有名教授と呼ばれる人々が必ずいます。たとえば、日本でもおなじみの「白熱教室」で知られるハーバード大学のマイケル・サンデル教授は、政治哲学という難解な学問を面白い事例を用いながら分かりやすく説明するので、受講者が殺到し、授業を聴くことができないほど人気があります。そのため、現代ではサンデル教授の授業はデジタル化され全世界に配信されています。

このように組織のリーダーになるものは、大勢の集団の前で効果的に話し、また教え導く力が必要となります。

親が子どもの宿題をみる、上司が部下に指導するといった個人指導ではなく集団を相手に何かを教える場合は、学ぶ側の学習レベルもそれぞれ違うために困難が生じます。教える側としては何を、また誰を基準にしてチーム全体を指導するのか、その方法について頭を抱えることになってしまいます。

①多数派のペースに合わせる

ある程度のレベルに達している人たちには教える内容が「簡単すぎる」といった苦情がでるかもしれませんし、その逆にまだ十分な知識がない人には、「難しすぎる」という意見がでることも集団を指導する際にはよくあることです。このような場合には、多数派のレベルを基本として、それを維持していくことです。そのためには、まずは多数派がどのレベルにあるのかをあらかじめ正確に把握しておく必要があるのです。

②少数派のケアを忘れない

集団には「できる・できない」にかかわらず、少数ではありますが、トップとボトムの何%か占める人たちがでてきます。上述したように、多数派に水準を合わせることは大切なことですが、だからといって少数派の意見を無視するわけにもいきません。

この場合、「最優秀学習層」には、実力が試されるような高度な内容を教え、かつ可能な限り自主的な学習をさせてください。いわゆる「できる人」は自分自身の確固たる学習スタイルを持っている場合が多いため、教える内容の方向性や読むべき本等を示すだけでいいのです。

また「最低学習層」には通常の集団指導とは別に、徹底的に基礎から教える時間を設けて指導する必要があります。多数派の中でいつも取り残されていると、劣等感が生じてしまい、学ぶこと自体に対するモチベーションを損なわせることになります。

③小集団で学び合わせる

教える集団の規模が極めて大きい場合には、小集団に分けて学ばせることが効果的です。教える側が一方的に話を続けていると、人数が多ければ多いほど、集中力が続かなくなり、途中で退屈する者が出てきます。可能な限り一人ひとりを伸ばすためには大きな集団を小集団に分けて、その中での意見交換をする場面を必ず仕組むことです。

また各集団にリーダーを置くとさらに効果的に学びが進みます。各小集団間に一種の緊張感が生まれ、相互に競い合って学ぶ姿勢が生まれるのです。

④小集団のコミュニケーション能力を把握しながら指導する

特に小集団に分けて教える際には、参加している人の「聞く」「話す」能力に注意が必要です。教える側は学ぶ側に次の点を守るようにさせて下さい。

「聞く」場合

・話している人の方を向いて最後まで聞く
・相手の言いたいこと（要点）を確かめながら聞く
・相手を意識して、適切な反応（相づちなど）を示しながら聞く

「話す」場合

・伝えたいこと（要点）を「単語」「一文」で話す
・伝えたいこと（要点）の「目的」や「理由」も一緒に話す
・相手を意識して順序立てて、分かりやすく話す

⑤話の流れが変わる瞬間を見逃さない

集団の場合、それまでは和気あいあいと話をしていたのに、急にまじめな話に変わる瞬間があると思います。これは話し合いには「流れ」のようなものがあるため、時々の雰囲気に適した受け答え方や表情に変える必要があります。以下のときなどは話すモードを切り変えてください。

・相手の表情が急に真剣（笑顔）になる
・会話が途切れ沈黙ができる
・話している人の視線が泳ぎだす
・周囲からの咳払いが頻繁に聞こえる
・話が終盤に近づき話のまとめに入る

小集団ではお互いに関わり合うことで学ぶ意欲が高まり、考えを認め合い、教える側が求める目標に近づいていこうとする姿勢を引き出すことが求められます。そして、全体を通じて話の「流れ」を把握し、状況に応じて自身の話し方などを変える工夫が必要です。

11 〝ありのままの自分〟をブランド化し、価値をあげる

ＯＸＯＮには現在、サイードビジネススクール（Saïd Business School：ＳＢＳ）というＭＢＡ（経営学修士号）の取得を目的とした経営学大学院があります。私の専門とは異なる分野ですが、在学中多くのＭＢＡの学生と交流する機会に恵まれ、今でも交流が続いております。米国の名高いビジネススクール（ハーバード大学等）と同様に、世界中から選りすぐりの学生が集まっていて、その大半が弁護士や会計士、また超一流企業の現役社員など、プロフェッショナルなバックグラウンドを持っていました。

ＳＢＳの友人と話していて気付いたことがあるのですが、経営学であれ他の学問領域であれ、たとえば授業などで自分の存在感を示すためには、積極的に発言し、議論をリードしていかなければならないということです。またそれは、授業内の議論だけではなく、普

段の人付き合い、チームでの仕事で自分のバリューを示すときも大切なことなのです。

自分のバリューに自信を持つ

SBSの学生をはじめ、OXON人は自らのバリューを高めブランディング効果を高めるための術《すべ》を、厳しい学業生活のなかで自然と身に付けていくのでしょう。そのために、私自身が心掛けていることは以下の3点です。

①持って生まれた性格や素質を認めて大事にする

人の性格はさまざまです。内向的性格、社交的性格などある程度自分自身で把握できると思います。まずはベースにある自身の素質を素直に認めることです。その上で時、場所、状況に応じて自分の性質を変化させる柔軟性がもてるよう訓練しましょう。

②いつでも効果的な自己PRができるように準備しておく

専門性、得意分野、性格、趣味など自分のアピールポイントをいつでもどこでも簡単に話すことができるように準備しておくことです。それを何度も繰り返しているうちに、上手く表現できるようになります。

③他者と誠実に接する

自分のことばかり強調するのではなく、相手のことにも関心を払い、誠実な態度で接することです。

誰にでも話しかけるOXON人

オックスフォードだけではなく、英国の街には至る所に「パブ」と呼ばれる居酒屋があります。日本の居酒屋と違ってだれもが一人でも気軽に出入りすることのできる、いわゆる「パブめし」が食べられるレストランとしても利用されている飲食店です。私も同期の学生たちとよくパブに行きました。週末になるとカレッジに近いパブはいつもOXONの学生で溢れかえっていました。

OXONの同窓会は、他のエリート大学と比べると「集まり方」が違うと思います。アメリカのトップエリート大学はMBAなど、専攻分野の単位で集まることが多いと思うのですが、OXONの場合、学科などは全く関係なく、「1つのOXON」ソサイエティーとして集まるのです。

卒業生の専攻分野や入学年度も多様であるため、上下関係や人間関係のしがらみはあまり見られません。「こんなすごい人と会えるなんて」ということもよくありますし、一旦知り合いになれば、次に会うときには、秘書などを介さずに気さくに会ってくれるのもOXON人ならではではないでしょうか。

またOXONの同窓会では、昨今の政治やビジネスの情報を交換するだけではなく、「世の在り方」「人としての良き生き方」などの哲学的な話もよくでます。まさにノブレス・オブリージュを忘れないOXONの特徴でしょう。

日本人はパーティーなどで大勢人が集まる中に入っていくと、気が引けたり、萎縮したりしてしまい、同行した人としか会話をしない、または孤立してしまうことが多いと思います。

一方で、OXON人は人の集まるところでは、即座に話し相手を見つけ、自然に溶け込んでいく術を持っていると思います。こうした習慣が、将来ビジネスやアカデミックな場所でも、自分のプレゼンスを発揮することのできるリーダー性や社交性に繋がっていくのだと思われます。

大勢の人の集まりに自然に溶け込む方法

ＯＸＯＮ人の社交的な振る舞いを見ていて、自分自身を印象付けるには共通する習性があることが分かりました。

まずは、第一印象を大切にすることです。初対面の人に好印象を与えておくと、その後のコミュニケーションが円滑に進む可能性が広がります。

ＯＸＯＮの図書館でのエピソードです。読みたい本を探していた私はライブラリアンに「Tell me where I can find this book?（この本の場所を教えて）」と聞きました。

しかし何も答えてくれません。もう一度同じ質問をしたのですが、やはり答えてもらえませんでした。

なぜだろうと思い3回目も同じ質問をしようとしたところ、私の後ろに並んでいた学生が小さな声で「Please をつけなさい」、と言うのです。「あっ」と思い、慌ててそうしたところ、ライブラリアンはニコッと微笑んで、探している本の場所を教えてくれました。

第一印象の良し悪しはもちろんのこと、良好なコミュニケーションは基本的な挨拶から始まると言っても過言ではありません。

「おはようございます」「こんにちは」「こんばんは」をはじめ、「ありがとうございます」や「すみません」などのお礼やお詫びの言葉も同じです。特に相手に何か頼むときには上司—部下の関係なく、丁寧な言葉を使い、かつその後での「ありがとう」をいつもセットにしてください。

そうした基本ができた上で、相手との会話の中で共通点を見つけ、話題を膨らませることも効果的です。相手のプロフィールやファッション、趣味や話し方（方言など）から共通点を見つけ出すことが可能です。

集団に自分を印象づけるには、一人から大勢へと結びつきを構築することです。

集団は少数から大人数になることもあります。一度に大勢の人々に自身を印象付けることは難しいでしょう。まずは集団の一人ずつと信頼関係を深めるとよいでしょう。

また、自分の所属する組織とは異なる職種にある人々と交流することも、コミュニケーション能力の向上に役に立つでしょう。食事やお茶に誘うのも一つの方法です。

個人にしても、会社にしても「信用（約束）」が最も大切です。

Aさんは待ち合わせの時間にいつも5分前に到着するから、Aさんは絶対遅刻しない人で信頼できる、あるいは仕事を最後まで丁寧にする、このような自分に対するイメージを作り、そして必ず守ることによって、ブランド力を培うのです。

自分と他者との差を明確にする

自分の持っているスキル、自社の所属する業界でこれだけは誰にも負けない強みを探し出すのです。たとえば大学には、自分の実績をさりげなくアピールするために学位記や賞状を研究室の壁に飾る人がいます。こうするだけで自分の専門性を周囲にアピールする役に立つことがあります。

実際、ある研究によれば、病院が医師やスタッフの資格認定書を掲示したところ、スタッフの指示に従った患者の割合が、即座に30％も増加したケースがあるそうです。あなたがリーダーとして自分自身をブランディングする際のコツは、まず自身がまわりからどう見られたいのかを、じっくりと考えてみることです。

そして、自分の外見やパーソナリティを通じて、目標とするイメージを実現していくのです。それは、あなたの統率力を認めさせるための強力な手段になるでしょう。

12 陽気に叱り、真剣に褒める

1964年に、米国の教育心理学者ロバート・ローゼンタールは「**ピグマリオン効果**」を提唱しました。「人間は期待される通りの成果を出す傾向がある」ということです。

反対に、期待されないで「お前はダメだ」と言われ続けていると、やる気や興味を失いその言葉通りに成績が落ちてしまうことがあります。これを「**ゴーレム効果**」と呼びます。

学校や職場、家庭でも「こんなご時世だから努力したって夢は叶わない」「君の能力ならこの程度の仕事しかできない」などネガティブな言葉を聞くことがありますね。

私が10代の頃の日本の学校には戦前の教育を受けた教師が多くいて、体罰や言葉による暴力もごく普通にみられました。現代ではこうした風潮は失われつつあると信じていますが、未だ教師による体罰がニュースなどで報道されているのを耳にします。

このようなことから日本の社会や組織では、ピグマリオン効果を受けて能力を開花する人が少なく、ゴーレム効果でやる気を失ってしまう人の方が圧倒的に多いのが現実なのかもしれません。

リーダーは組織のメンバーを教え伸ばしていくために、まず彼らを「褒める」という習慣を身に付けることが大切です。

ネガティブな「レッテル」を貼ってはいけない

また、「レッテル」を貼ることも人の心理に大きく影響を与えます。「レッテル」とは、もともとオランダ語で「商品名」のことですが、ある人物に対して一方的・断定的に評価をつける、ことも意味します。

たとえば、20代は「ゆとり」、30代は「ぶらさがり」、40代は「バブル」、60代後半は「団塊」という世代間の価値観の違いをマスメディアで大きく取り上げています。「レッテル」が浸透するにつれて、やがて「レッテル」だけが独り歩きをします。20代を見れば「ゆとり世代だからのんびり」、40代なら「バブル時代の派手好き」などというように、世代全体が「レッテル」で評価されてしまいがちです。

組織のメンバーを年代別に分けて、ネガティブなレッテルを貼ることは、言われた本人は「どうせ私はゆとり世代だから」というように自身を見なしてしまうため、双方にとって信頼形成を損ねる可能性が高まることになります。

それとは逆に大きな期待をかけること、それを言葉で伝える行為が大切です。

OXON時代に指導教員からの一言が、論文を執筆する自信に繋がった経験があります。博士課程に入って1年目は、英国式の論文の書き方がまだよく分かっていなかったため、悪戦苦闘しました。

指導教員に論文を見せても「君の文章は議論が曖昧で何が言いたいのか分からない」と言われることもよくありました。時には指導教員はただ首を横に振るだけで、書いてきたペーパーを床に投げ出されたこともあります。

それから時日が経過したある日のこと、自分でも「よく書けたかな」と感じるペーパーを指導教員に見せたときのことです。

「これはアキトが今まで書いてきたものの中で、一番よく書けている」

「この調子で書き進めなさい。そうすれば必ず博士論文は完成するでしょう」

というコメントが返ってきたのです。この言葉がなければ現在の私はないだろう、それぐらい心に残る言葉でした。

9割は陽気に厳しく、大事なときに真剣に褒める

「叱る・褒める」という行為は、グループやチームのメンバーを育てる上で欠かせないリーダーの責任です。前述のように「褒めて伸ばす」ことは何かを教える上でも非常に大切な要素です。しかし、実際の現場では、メンバーたちを「叱る」ことが避けられない状況があります。

本書の54ページでも取り上げたように、人を育てる上で大切なことは、相手が叱咤されることの厳しさを前向きに受け止められる信頼関係を構築しておくことです。

そのためには、指導者がまず、相手に興味、関心と愛情をもって接し、円滑なコミュニケーションによって相互の絆を強める必要があるでしょう。

絆ができているからこそ、陽気に（部下の成長を信じ前向きに）厳しく叱っても、部下は自分の為に上司が叱ってくれるのだと思えるようになり、大事なときに真剣に褒められることも何より嬉しく感じるはずです。

優れたリーダーはよきフォロワーを育てる

13

チームで仕事をしていくためには、リーダーが必要であり、そのリーダーには組織をまとめコントロールする力が求められるのです。

しかし、チームの全員がリーダーになることはできません。全員がリーダーでは指揮系統が混乱し、かえって問題解決ができなくなってしまいます。

組織やチームで仕事をする場合には、リーダーを補佐する立場の人、すなわち部下など「フォロワー」の存在が重要な役割を果たします。

会社であれ、大学であれ組織の上に立つ者には「リーダーシップ」が要求されるように、リーダーを支える立場にある者たちは「フォロワーシップ」を忘れてはいけません。

文武両道のOXONのスポーツ選手たち

OXONのエリートは学問に優れているだけでなく、スポーツマンシップも同じぐらい重視されます。

私は勉強の合間によく大学のクラブチームの練習や試合を見学に行きました。テニス、ボート、クリケットなどさまざまなスポーツチームがあるのですが、なんといってもラグビーはOXONにとって特別な存在であり、あまりラグビーに馴染みがない者でも見ごたえが十分にあります。

OXONのラグビーチームはケンブリッジとならんで英国の大学屈指の強豪たちが集結しています。その中でも特に活躍する選手には「ブルー」と呼ばれる称号が与えられ、皆から賞讃と尊敬を受けるのです。

ラグビーだけでなく、チームプレーが試されるスポーツは高度な組織的戦略や厳密な役割分担が求められます。

ボールを奪う選手、パス、キック、そしてトライを決める選手、オフェンスとディフェンスの見事な連携がチームを勝利に導くのです。

フォロワーの役割と育て方

それでは組織の中でフォロワーの立場にある者には、どのような素質が求められるのでしょうか。次の5つの基本的姿勢が必要でしょう。

①チームの目標を見定め、自分の役割をしっかり守り、責任を果たす
②リーダーの指示を的確に把握し実行する
③メンバーの協力体制を強くするため、時に自制心が保てる
④チームワークを乱す行為やスタンドプレーが生じないよう常に配慮する
⑤明るい雰囲気を作るムードメーカー的な存在になる

チームワークで仕事を進めるためには、リーダーはフォロワー自身の実力を見極め、目的に対する達成意欲や、チームメンバー相互の信頼関係を作り上げることが大切です。

リーダーたるものは、自分と共に戦ってくれるよき仲間が必要です。ですが、そうした人材はなかなか見つけ出せないものですし、運命の出会いにかけるといったのでは、チームでの仕事は成り立ちません。そこで、リーダーは自身を支える優秀なフォロワーを教え育てることも考えなければならないでしょう。

まず何よりも大切なことは、リーダーの立場の者はフォロワーたちの話を聞く習慣を身に付けることです。なぜ部下や研究助手は黙っているのでしょうか。それはいつも上の立場にある者が、話し過ぎているからです。

「このデータはどのように処理……」と、フォロワーが話し始めたのに、「これはこうやって処理するんだ！」とリーダーがさえぎってしまうと、フォロワーたちは次第にそれ以上のことを話さなくなってしまいます。

ですので、フォロワーたちが意思伝達を的確に行うことができるようになるためには、リーダーはじっくりと話を聞く姿勢を持つことが大切です。

次に、フォロワーにはチームで決めた目標を具体的なミッションや数値で説明し、達成できるようにすることです。たとえば、「6月10日までに報告書を完成させる」「訪問販売を週30回行う」などできるだけ分かりやすい言葉で指示することです。

さて、肝心の協力体制の築き方ですが、良好な協力関係構築には順番があります。いきなりフォロワーたちに「皆、チームワークを持とう！」「仲間は協力し合わなければならない」と檄をとばしてはいけません。おそらくフォロワーたちは「そうですね、がんばりましょう！」などと答えるでしょうが、胸の中では具体的にどのように協力体制を築いていいか分からないでしょう。

まずは、全くチームワークのことを考える必要はなく、誰にでもできるような言葉がけをするようにします。たとえば、「先週末はなにをしていたのか」「ランチを一緒にとりましょう」のような声掛けでよいのです。

大切なことは、とにかくフォロワーと気軽に会話ができる関係にさりげなくもっていくことです。そうしている間にやがてお互いが本音で語れるレベルになっていき、関係性が高まったと思われる段階で、互いの役割や責任の範囲などについて話し合えれば、チームの目標に対する熱意や、そして疑問や不満さえも言い合えるでしょう。

相手の領域に入り過ぎない

コミュニケーションの研究分野では、会話する相手との最適な物理的距離が、国や個人によって異なっているようです。相手との距離の目安は以下のようになっています。

「排他域」（50㎝以下　関係が浅い他者に絶対に入り込まれたくない距離）

「会話域」（**50㎝～1・5m　通常の会話がされる距離**）
「近接域」（**1・5～3m　普通、微妙な距離　会話をしなくてもよいが、いづらい**）
「相互認識域」（**3～20m　知人に挨拶する距離　近い程相手を無視できなくなる**）

以上のように対人コミュニケーションでは相手との物理的距離が会話をする際に重要となってきます。これは物理的な距離だけではなく、相手との心理的（精神的）な距離に比例していると考えられます。ですので、リーダーは付き合いの深い浅い、長い短いに応じて各フォロワーとの適切な距離感を保つことを心がけましょう。

親しき仲にも時に実力の差を見せつける

「実力は言葉よりも強し」とは言っても、上司と部下、教師と学生など仕事や勉強で共に過ごす時間が長くなるにつれて、お互い親しんでくることはごく自然のことです。それは基本的には良好な関係を築くという点において好ましいことでしょう。

ですが、あまりに相手との心理的距離が近づき過ぎることも問題です。慣れ親しんできた分、「友達」のような関係になってしまうため、職場での規律や秩序が崩れ、仕事の効率が落ちてしまう危険性があります。

ＯＸＯＮでの生活が3年目を過ぎた頃です。指導教員との関係もかなり長くなり互いにファースト・ネームで呼び合う間柄にまでなっていました。まだ私も若かったのでしょう。そのような関係が当たり前になってくると、無意識のうちに指導教員を友人と錯覚してしまい、時には無礼な言動をしていたと思います。

そんなある日、ＯＸＯＮで教育学に関するシンポジウムが開かれ、指導教員が議長をつとめるセッションに参加したときのことです。場の仕切り方、議論の進め方、的確な批判、そして何よりも洗練された英語の言い回し……、忘れかけていたＯＸＯＮの教授と自分との圧倒的な力の差を目の当たりにし、日頃の自分の言動を改めなければならないとつくづく感じました。

仕事は上下関係が保たれてこそ、統率が行き届き成り立つ営みです。もし部下との関係が友人のように感じられてきたときは、言葉ではなく圧倒的な力の差を見せつけることによって、「突き放す」姿勢を示してください。ただ、あくまでもさりげなく、あっさりと見せることが肝心です。

Chapter 2

Summary

◆どんな立場でも「ノブレス・オブリージュ」を意識する

◆緊張を解し、集団の前で話すスキルを身に付ける

◆他者との差を明確に、ブランド力で価値をあげる

◆ピグマリオン効果で期待以上の成果を出させる

◆ネガティブな「レッテル」は決して貼らない

◆相手の領域に入り過ぎず、時に実力を見せつける

Chapter

3

非連続の発想を実現する「創造力」

Rules are made to be broken.

14 「創造力」は0(ゼロ)から生まれる

「創造力」は一体どこから生まれてくるのでしょうか。創造性をめぐる議論は脳生理学などの最先端科学分野で盛んに行われていますし、またそれは哲学や教育学でも取り上げられることがよくあるトピックスでもあります。

遠い昔からOXONは歴史に名を連ねるような天才や偉人を多く輩出しています。例をあげると枚挙にいとまがありませんが、映画「ロード・オブ・ザ・リング」の原作『指輪物語』の著者J・R・R・トールキン、「驚嘆的博士」との異名をとる哲学者のロジャー・ベーコン、経済学の父と呼ばれるアダム・スミス、「鉄の女」政治家マーガレット・サッチャー、理論物理学者のスティーヴン・ホーキングなどもOXONの出身です。

OXONの教育では、どのような事実であれ、まず疑ってみること、批判精神を持つこ

との大切さを教えます。チュートリアルのときに指導教授が「日本人の学生はまじめで優れているが、現実に疑いを持って批判的な観点から分析することが苦手である」、と言われたことがあります。

つまり、ＯＸＯＮでは疑いや批判力を持たない秀才よりも、多少成績が悪くても批判力を持ち、独創的な考え方を持つ人物が評価されるのです。ＯＸＯＮに関する文献などを読んでいて気付くのは、歴史に名を残しているような人々はそのような性質を兼ね備えているのです。疑いや批判を持たない日本の秀才のように先生の話をよく聞いて試験で良い成績をとるのとは違うのです。

実のところ、創造力のある人になるためには、知識を豊富に持っているだけでは十分ではないのです。つまり最初からいろいろなことを知っていなくてもいい、たとえ「０」であってもかまわないのです。肝心なことはさまざまなことに興味を持ち、果敢に行動する習慣を身に付けることです。その上でさまざまな情報を収集・分析し、思考を整理しながら、論理的に考えるという基本のプロセスを形成していくことです。

こうした基本を身に付けることを通して、新たな関心や発見が生まれ次第に創造力へと繋がっていくのです。

創造性は言語化して伝えることが必要

創造性を発揮することとは、見方を変えれば、多くの人が共有している「常識」を打ち破り、ほとんどの人が共感してくれないことを考え出し、それを言語化して、周りの人々に伝える作業に他なりません。

感覚や価値観は人によって違うもので、究極的には分かり合えないものです。

「何もしなければ自分の考えは相手に伝わらない」という意識を持ち、筋道を立てて周りに伝えていく過程で思考が整理され、新たな発想を生み出すのです。

このプロセスの中で一見関係ないように見えていた問題が思わぬところでつながっていたりすることが分かったり、膨大な情報の中に隠れているきらりと光る新しい創造の小さな糸口を発見するのです。

行き詰まったらやり方を変えてみる

学業であれ、ビジネスであれ、いつもと同じやり方が通用するわけではありません。その時の状況によって、さまざまな対応が求められるのですが、人は自分のなれたやり方に固執するあまり、失敗してしまう経験があります。このようなことが続いてしまうと、新たな創造性の芽を摘むことになりかねないでしょう。

インド独立の父、マハトマ・ガンジーは「世の中に変化を望むのならば、君自身がその変化にならなければいけません」という言葉を残しています。ビジネスパーソンとして「変化」を巻き起こすような人物になりたいのであれば、自分自身を変えることを通じて新しい人間性を創造できるかについて話し合う機会を設けることから始めましょう。

また、自分の考え方の「クセ（傾向）」を知ることも必要でしょう。いつも楽観的に物を見る人、反対に悲観的に見てしまう人、人には考え方に一種のクセがあるのです。

たとえば、天気が良い日であっても「晴れて最高」と思う人もいれば「日差しがきつい」と嫌がる人もいます。**実際に起こった「事実」とそれを解釈する「クセ」を分けて考えてみましょう**。「天気の良い日」はすべての人にとって事実ですが、その解釈に自分の考え方のクセが入り過ぎると、物の本質を見失うこともあるからです。

考え方を変えたり、クセを理解したりするためには、普段は話さない相手と話してみる、読まない分野の本を手に取ってみる、新たな習い事を始めてみる、同じ仕事でもやり方を変えてみるなどは、創造力を養ううえでも重要です。

創造力を養う身近な方法

ＯＸＯＮでは専門領域にかかわらず、教育と学習の中で次のような基本的姿勢が身に付きます。

①情報を一元化した「ストック」ノートを作成する

大量の情報を整理せずに蓄積しても利活用はできません。思いついたことや印象に残った文章などを一冊のノートに集約するのです。現在では電子機器が発達していますが、あえてアナログ的にノートを常に手元に置いておき、いつでも書き込めるようにする。

このような場合ＯＸＯＮ人は「青色」のボールペンを使用することがよくあります。「青色」は思考に冷静さを与えると言われ、創造性が増すと考えられるからです。

②とりあえず書き出し、人に説明してみる

頭の中だけで考えているだけでは、ただ単に「考えている気になっている」に過ぎない場合があります。考えていることを書き出し、他者に分かるように説明する訓練をします。書き出すことで、アイデアを客観視することができ、かつ人に語ることで自分の考えが整理され、その過程で新たなアイデアが生まれるのです。

③区切りのいいところではなく、「＋α」で終わる

通常仕事や作業は「区切りのいいところで」終わることが普通です。しかし、創造性を高めるために、アイデアのまとめなどは「区切りのいいところ」で終わってはいけません。なぜなら、そこで満足してしまい、思考がストップしてしまうことがあるからです。

新しい発想を書きまとめる際には結論で締めくくるのではなく、その後、どのような展開が予測されるか、どのような部分が欠如していたのか、「＋α」として書き留めておくことが重要です。「＋α」を書き込むことによって、次のアイデア出しのときに一歩進んだところから開始することができます。研究論文では最後の部分で「今後の展望」を書くことがよくあるのは、こうした効用があるためです。

④「コピー・アンド・ペースト」は創造性の邪魔になる

最近、研究者による論文の「コピー・アンド・ペースト（コピペ）」が問題になっています。これはアカデミック界だけではなく、ビジネス業界でも許されざる行為です。

ＯＸＯＮでは教授や学生に対して、インターネットや関連文献を引用することをしないで、そのまま自分が書いたようにすることを厳しく罰する、つまりプレジャリズムが徹底されており、詳細のガイドラインが存在しています。これに違反した者は、辞職・退学措置になることもあるのです。

新しい創造は、自分自身の頭で考えてこそ「オリジナル」として評価されるのであって、他の人が書いたものや作成したものを、盗用するものではありません。コピペを繰り返していると、そのうち自分で考えて、文字化することができなくなってきます。

もし他者が書いたものなどを自分のオリジナルの創造のために使いたい場合は、必ず「○○（誰）による□□（本や作品、インターネットアドレス等）からの引用」という具合に「ノートテイキング」しておくことです。こうすることによって、後でその文書がどこに記載されていたのかがすぐに分かりますし、またどうしても他者の文章などを使いたいときは「　」をつけて、引用先を明記することです。

「創造力」というと、なにかとても難しくて自分にはできない、と思われるかもしれませんが、創造力は日常の簡単な、それもすでに何気なく行っている行為から鍛えることができるのです。

退屈なひとりの時間が創造力を育む

15

現代人はとても忙しいものです。仕事や家庭、人付き合いに追われ、常に頭と体を使っています。このような状態では、優れたアイデアや発想を生み出すための時間がほとんどとれません。

英国の生涯教育の研究者であるテレサ・ベルトンは、著名な数多くの科学者や芸術家、アスリートなどにインタビューし、その内の複数の人が**子どもの頃から「ひとりの時間」「退屈な時間」が創造力を育むのに役立った**と回答している、ことをつきとめました。

幼いときから宿題、習い事、塾などたくさんのことをしなければならない日本の子どもたちは、創造力を育む機会を逃していると思います。そんな子どもが大人になって、孤独な状況に置かれると、何をしていいのか分からずパニックを起こしたり、全く何もしないでダラダラと過ごしてしまったりするかもしれません。

ベルトンの研究によれば、子どものときから自分で自由に使える時間を持たせることで、創造力の育成をはかるべきであると提案しているのです。つまり、自力で考える力を持たないと、創造力は生まれないということです。私はこの考え方が子どもに限らず大人にも当てはまることだと思っています。

創造力を鍛えるオックスフォードの散歩道

ＯＸＯＮ時代のことですが、論文の執筆に行き詰まることが度々ありました。机の前に何時間も座り、いくら本を読んでもたった一行の文章も書けないこともざらでした。

このことを、マレーシアから留学していた数学教師の学友であるユーソフに話しました。すると彼から、「それなら散歩するといい。歩きながら考えるといいアイデアが浮かぶことがある」というのです。

「散歩するぐらいで良いアイデアが浮かぶわけないよ」と半信半疑ながらですが、結局散歩をはじめてみました。幸いオックスフォードには街の至る所に散歩に適した場所が沢山ありました。自然の草花が咲き野鳥が飛び交うポートメドー（牧草地）、中世情緒漂う街路地、綺麗に手入れされたカレッジガーデン、そこを歩く人々がまるで絵画の中にいるように錯覚するぐらいです。少し足をのばしたところにある、蜂蜜色の家並みが美しい古い街コッツウォルズも散歩に最適です。

するとどうでしょう！　意外や意外、机の前に座っているよりも明らかにリラックスすることができ、思考力がアップしたのです。

「考えるための散歩」

実際に、散歩やウォーキングが科学的に心身の健康に有効に働くことがさまざまな研究によって証明されています。ですので、皆さんも自分の生活の中で、時間がつくれるタイミングを探して、1日最低20〜30分の散歩をする時間をとってみてください。

私は、散歩にはリラックスする散歩（目的は特にない）、目的のある散歩（ダイエットやペットの散歩など）、そして、考えるための散歩（何かを考えたいとき）の3つの種類があると思います。

「**考えるための散歩**」ですが、私は次のように心がけています。

①体の力を抜いてゆったりと歩く

ゆっくりと歩いてみて気づくのが、日頃自分が何かに焦っていて知らず知らずのうちに早足になっているということです。周りを気にせずにゆっくりと歩くことで、自分のペースを保つことができます。

②周りの景色を楽しむ

歩いている間に徐々に周りの景色に目を配るようにします。また、景色を見るだけでなく、時々川の水に触れてみる、草木の匂いを嗅いでみるなど、人の五感全体を使ってみてください。さまざまな風景に触れていると、一点に集中していた思考が次第にほぐれていき、心地よい気分になってきます。

③散歩中に自分で良いと思うものを30以上探してみる

散歩中に良いと思うものを意識して30以上探すとよい、という記事を読んだことがあります。「小さな花が頑張って咲いている」「子どもたちの元気な声が聞こえる」などです。こうすることによって、物事を良い方向からみる習慣が身に付き、結果的に良いアイデアが浮かぶことにつながるでしょう。

創造のモチベーションを維持する

16

大学で教えていると、長い休暇の前後の時期や寒暖差の激しい時期になると、学生の勉強に対するモチベーションが明らかに低下していることに気づきます。「モチベーション」とはすなわち「やる気」のことです。

人間はつねに気持ちや感情に支配されやすい生き物です。モチベーションが高いときは、背伸びをしてでも大きな目標を設定し成功を収めることがありますが、逆にモチベーションが下がっているときは、いつもは簡単にできることさえも途中で諦めてしまいます。これは本人の能力の問題ではなく、モチベーションの問題です。

ＯＸＯＮに限らず博士論文を書き上げ、学位を取得する道のりは長く遠いものです。その期間中ずっと研究に対するモチベーションを保ち続けることはほぼ不可能です。

私の場合、人と距離を置き、一人で論文を書いていると自分の殻に閉じこもってしまいがちになり、気が付けば英国に留学していることも忘れるほどルーティーンな生活を送っていました。そうなれば研究に対するモチベーションは徐々に下がっていきます。

そんなある日のことです。ＯＸＯＮには「ＯＸＦＡＭ」と呼ばれる古着などを扱うお店がいくつかあるのですが、ふと立ち寄ってみたところ、日本では見かけない英国風のセーターや靴などが沢山おいてありました。その中にＯＸＯＮの教授や学生が普段よく被っている鳥打帽を見つけたのです。日本ではよほどのことがない限りは買ったり、被ったりすることのないデザインの帽子を購入し、その日から外出時に被ることにしました。

模倣効果とも言えるのでしょうか。自分が「何だかＯＸＯＮ人としての貫禄がついてきた」という気持ちになり、勉強したいという気持ちが高まってきました。普段の生活様式を少し変えてみるだけで、モチベーションが高まることがあるのですね。

私が実践しているモチベーションアップの習慣を紹介したいと思います。

それまでのやり方を変える

先にも述べましたが、人は、勉強であれ仕事であれ、自分が慣れ親しんだ習慣を続けていると退屈してしまい、情熱を失いがちです。そこで従来の「**方法・手段・道具を変える**」ことにより、モチベーションを向上させるのです。その際に大切なのは教える側が新しい方法や手段を、教えられる側に提示してあげることです。

方法や手段の変化：料理本を読んでいると、作りたいという気持ちが湧いてくる
道具の変化：万歩計を買った人が、毎日散歩にでる

皆さん自身にもこのような経験はありませんか。辞書を新調する、新しいファッションに挑戦するなど、まずは形から入るのも、立派なモチベーションアップにつながります。

「接近勾配の法則」を活用する

勉強や仕事で締切日が迫ってきたり、それができなければ極めて深刻な状況に陥ってしまいそうなときなど、やる気が上がることがありませんか。これは「**接近勾配の法則**」と呼ばれ、人のモチベーションは窮地に立たされたり、ゴールが近づいたりするたびにアップしていく傾向が調査結果として出されています。

たとえばマラソンでゴールが見えてきたらラストスパートをかける、プレゼンの日が近づいたときに資料作りがはかどったりすることなどです。

この法則をうまく活用して教わる側のモチベーションを高めるためには、「とにかく始めさせる」ことが効果的です。

①短期的スパンで小さな課題を具体的にいくつか設定する

「明日までにこの本のこの章だけをまとめてくるように」など、短期間で到達することが可能な小さな目標と、締切日をできるだけ具体的に設定することによって、最終的には長期的で総合的な目標に近づいていることを実感させ、本人のやる気が湧き出す環境に持って行く。

②優先順位を明確にする

たとえば、相手に特定の期間内でやらせたい課題や業務が10個あった場合、そのうちどの課題が最も重要であって、どの課題が比較的大切ではなく、あまり時間をかけなくてもよいのかを示唆する。ただ、あんまり指示しすぎると、本人が判断できないといったリスクが上がるので、指示と教わる側の判断能力のバランスを考えることが重要。

③「ピグマリオン効果」：褒めることの大切さ

上司・教師・親は、教えている相手に高い目標を要求する割には、その成果が出た場合であっても褒めることを忘れがちになる。相手の努力の結果がどれだけ小さいものであっても、それを見つけだし十分に褒める。

④モチベーション上昇サイクル

相手がやる気を持続させるためにどのような習慣を身に付けさせたらよいのでしょうか。言葉を変えて表現するならば、相手のモチベーションを上げるという行為は、とにかく「ぶつかっていく」ことを恐れずに、小さな達成とその賞賛を繰り返えさせながら、前に進ませることです。それを継続して繰り返し最終的により長期的で大きな目標を達成させたい場合には以下のような循環したプロセスを認識することが大切です。

相手に勇気をもって始めることを応援する

←

決して一人ではないという安心感をもたせ取り組ませる

←良い成果が得られた、逆に壁にぶつかったなら一旦立ち止まって整理、再検討する

←最初に戻って繰り返す

長期的なスパンで相手のモチベーションを高め、継続させ、目標を達成する場合、このようなサイクルを、期限、目標をしっかり設定して、なるべく高速回転で進めていくのです。

創造力を育むためには何はともあれ、まずは実行してみることです。たいていの人は、なにかを始めるまでに不安や嫌気が邪魔してしまい、行動を起こせなくなっているのです。自分自身で行動することによって「モチベーションの上昇サイクル」が上手く回転しだし、ゴールに近づいていくのです。そしてたとえ失敗したとしても、「経験という財産」が付いてくると思えば次の行動につながる糧となりましょう。

17 創造は不確実性やリスクから生まれる

皆さんは『不思議の国のアリス』（Alice's Adventures in Wonderland）という物語をご存じですね。少女アリスが白いウサギを追いかけておとぎの国へ迷い込み、ハンプティダンプティなどユニークなキャラクターたちに出会いながら冒険する話です。

作者、ルイス・キャロル（本名チャールズ・ラトウィッジ・ドジソン）はOXONを代表するカレッジ、クライスト・チャーチの数学教師でした。キャロルがカレッジの同僚の娘であったアリスにせがまれて即興で物語を作って話し聞かせていたものが、この本のもととなったのです。「アリス本」の中には独創的な言葉遊びや流行語、かわいい挿絵などが含まれていて、当時主流だった教訓的な児童書から子どもたちを解放したと言われています。

一流の数学の教師であるキャロルが、全世界の子どもたちに愛される「アリス本」を書きあげることができたのはなぜでしょうか。もちろんオックスフォードの街の持つ幻想的な雰囲気と豊かな自然の織りなすファンタジックな環境が影響を与えていたと思われますし、またキャロルが子どものような想像力と感性を失っていなかったからかもしれません。

想像力は創造力の生みの親

子どもと大人の創造力の違いは何でしょう。私たちが子どものときに持っていた想像力を思い出してください。子どもの頃は誰にでも次のような性質があったと思います。

- **物事に対して敏感である**
- **考え方が型にはまらず柔軟である**
- **何でも受け入れる余地がある**
- **思ったことが素直に表現できる**

人は大人になるに連れて、現実の世界にひたってしまうと、子どもの頃に持っていた性質を失っていきます。子どものような純粋でピュアな思考や発想の中には創造力が無限に広がっているのでしょう。

最近のある研究調査によると、子どもが創造力を伸ばす有効な手段として、小さい頃から絵本を読み聞かせる、一緒に図書館に行く、読んだ本の感想を話し合う等があるとされています。こうすることで、子どもは言語の持つ価値を理解し、読む習慣を身に付けることで、創造力を習得していくのです。

創造性を発揮するキャリア形成

学者の世界であれ、ビジネスマンの世界であれ、誰もが創造力を必要とされる状況に直面することがあります。創造力を活かすためには、大学、研究所、会社など各々の人がそれを活かすことができる場所、つまりはキャリア形成が必要となってきましょう。

OXON時代、私も自分の将来のキャリアについて思い悩んだことがありました。日本社会では「文系大学院を卒業した者は就職先がない」と言われていますし、かといって大学などで研究職に就くことも極めて難しい状況です。

幸い、私の場合は比較的早い段階から大学でポジションを得ることができましたが、誰にとってもキャリア形成は予想通りに進むものではなく、自分の意志だけではなく、周囲の意見やその時の社会事情によって制約されます。仮に予定通りの職種に就くことができたとしても、想定外の出来事によって途中でキャリア変更を余儀なくされることもありましょう。

将来が予測できないときこそ前向きに生きる

教育心理学者のジェラットは人のキャリア形成を考える上で「肯定的不確実性理論」(Positive Uncertainty) を提唱しています。この理論のエッセンスは、次のようになります。世界各国で政治・経済事情が不安定である現在、人が生涯を通じて安定したキャリアを描くことは困難である。しかし、こうした**不確実な状況を**「**肯定的**」**に捉えて、現実をあるがままに受け入れ、未来のキャリアを創造すること**が重要であると説くのです。この理論と似たようなものに、スタンフォード大学の教育心理学者のクランボルツの「計画された偶発性理論」などがあります。

このような理論が生み出された背景には、たとえば戦後、日本企業の特徴であった「年功序列制度」や「終身雇用制度」が突然、外資系企業のような雇用形態に代わってしまうことなどがあります。

それではこのような自分自身の未来予測が難しい状況ではどのように対応していけばいいのでしょうか。皆さんは「車椅子の物理学者」、スティーヴン・ウィリアム・ホーキング博士をご存じであると思います。先述したように、彼もOXONの卒業生ですが、学生時代に難病を発症し、一時は死を覚悟したこともあったのです。それでも彼は決して挫《くじ》けず研究を重ね現代の宇宙論に多大な影響を与えている人物です。

病気によって身体の自由を奪われたホーキング博士は、実験が必要とされる分野から離れ、「理論物理学」を専門に研究を進めました。そして、人類が決して到達することができない宇宙の果ての世界を、頭の中で緻密な計算によって分析・解明する天才となっていったのです。ここに、ホーキング博士が著書の中で話している言葉を引いてみましょう。不確実な未来に直面した時の心得として示唆に富むものです。

一つ目は、「**足元を見るのではなく星を見上げよう**」（今や過去に囚われずに未来を見つめる）。

二つ目は、「**絶対に仕事をあきらめてはいけません。なぜなら、仕事は生きる目的と意義を与えてくれるからです。それが無くなると人生は空虚なものです**」（自分が打ち込める生涯の仕事を持つ）。

三つ目は、「**もし幸運にも愛を見つけることができたのなら、それが稀な出来事である**

ことを忘れず、捨ててはいけません」（「人」の字はお互いに支え合っていることを意味する）。

不確定な未来に希望を持って生きていくためには、不安定な過去や現在を嘆くのでなく、仕事であれ、趣味であれ、自分が情熱を燃やし続けることができる何かを見つけだし、取り組むこと。そして支えてくれる人を大切にすることでしょう。

将来計画を緻密に組み立てると同時に、自分の「直感」も一つの知性として捉えることです。「十人十色」然《しか》り、あなたの持つ直感はあなたにしかできない創造性に繋がるのです。そして、目に映る現実をそのまま受容し、もし不安などが生じる場合、それは自分の心理状態が反映されていると割り切ることです。

本節で紹介した「アリス」やホーキング博士は、先がどうなるか分からない世界や予測できなかった状態に迷い込んでも、決して怯むことなく、むしろ果敢に突き進んでいこうとします。人生を讃歌する楽しいエピソードもあれば、つらいこともたくさんあります。そんなときでも人は知恵と希望をもって乗り越えていくのです。

機会があれば是非、クライスト・チャーチのダイニング・ホールのステンドグラスに描かれた「不思議の国のアリス」を鑑賞してください。予測できない未来であるからこそ、私たちも自由に、そして積極的に個々の生き方自体を創造していく力が必要なのが理解できます。

創造的思考をマニュアル化する4サイクル

最近、ファストフード店だけではなく、さまざまな業界で接客やデータ管理など仕事の「マニュアル化」が進んでいます。マニュアルを作ることによって、個人が状況に即してどのように対応すべきかが明確になり、全体に統一性のある行動をとらせることができる点において、有効性が認められています。

では、「創造力」はマニュアル化できるのでしょうか。

英国の心理学者ワラスは**創造的思考を4つの段階**（**準備・あたため・ひらめき・検証**）**に分けることができる**と主張しています。以下ではその理論に従ってあなたの部下や子どもを創造的な人物に育てるうえで役に立つ方法をご紹介します。

18

創造の「準備」につながる日常

まず、「準備」は文字通り、自身の中で創造的な思考の土台となる部分を養う段階です。日々の勉強や仕事の中で、それまでに身に付けた知識や技能を使ったり、過去の経験を活かしたりするなどして、試行錯誤しながら創造すること、また問題解決の糸口の発見に取り組んでいきます。

たとえば学生であれば、新しく覚えた公式を用いて、今までより高度な計算問題を解いたりすることや、ビジネスマンであれば、前回の営業でのミスを教訓に、より効果的に製品の魅力をアピールするために、新しいアプローチの提案方法を考えたりすることなどです。

このようなプロセスは真面目な学生や普通のビジネスマンであれば日常的に取り組んでいることで、目新しさがないように見えます。しかし、実はこれが自身の「創造力」のベースを養っていく上で大切な過程なのです。

iPS細胞を発見し、ノーベル生理学・医学賞を受賞した山中伸弥教授も高校生に講演をした際、「1回成功するために、9回ぐらい失敗しないと幸運は来ない。若い皆さんには、いっぱい失敗してほしい」と述べているのです。失敗とそれに伴う試行錯誤が劇的な発明や飛躍の条件であることは多くの成功者の共通した認識です。

課題から離れることで発想を「あたためる」

次の「あたため」の段階は、試行錯誤を重ねる中で得られた経験を整理し、来るべき「創造」に備えて醸成していく過程といえるでしょう。

課題についてある程度の時間考え続けた後、あえてそれから離れ、しばらく頭を休める、全く別のことをして心を落ち着けるなどしましょう。そうすることで一度リフレッシュした所で、思わぬ発見がやってくるものです。

今取り組んでいる課題や仕事とは全く関わりがない行動をあえてとることにより、違った角度から「ひらめき」が浮かんでくることがあります。普段物事を考えている額縁を外すことが大切です。

たとえば営業マンなら、仕事を離れて何気なく店で買い物をする、レストランで食事をすれば、普段とは違って自分がお客様としてサービスを受ける立場になるわけですから、営業する側の立場で試行錯誤するのとは全く違う角度から問題を考え、商品やサービスをもっと良くする方法、あるいは売れない理由等を思いつくチャンスを得られる可能性があります。

ふとした瞬間につながる「ひらめき」

このような過程を経て、第三の「ひらめき」が生まれてきます。皆さんもこれまでに、大なり小なり自分自身が「我ながらすごい！」と思えるようなアイデアが浮かんだ経験はありませんか。そのときの状況を思い出してみてください。

突然グッドアイデアが浮かぶのは、仕事の真っ最中というよりは、通勤・移動時間や、一人で本や新聞を読んでいる時間にふと思い浮かんだというケースも少なからずあるのではないでしょうか。

私はスーパーなどで日常の食料品などを買い物しているときに「ひらめき」が生まれるときがあります。商品のパッケージデザイン、陳列の仕方、キャッチコピーなどが自然と目に入ってくるので、そうしたものが無意識の内に脳を刺激して新しいアイデアにつながることがあります。

先に述べた「散歩」も新たなひらめきを生み出すための一つの方法であると思います。

普段からの現状認識が正確な「検証」を生む

最後に「検証」の段階ですが、浮かんできたアイデアを、実際に課題解決のために役に立つものかどうかを確認することが必要になります。

また独創的な研究、新しい製品、サービス、プロジェクト案を思いついても、組織が持っているリソースや与えられた時間の範囲内で本当に実現可能なものなのか、誰に対してどの位役立つものなのか、またそれを現実の条件に即した形で実行するためにはどうすれば良いのかをよく検討しなければ、せっかくの創造的なアイデアに行き着いても役に立たず終わってしまいます。

この「検証」の作業の質を高めるためには、普段から自分の能力、所属する組織の環境、他者との競争的状況などを理解しておく必要があります。自分自身で思いついたアイデアと現実の間にあるギャップをいかにしてすり合わせられるのかが、結局、新しいプロジェクトを創り出したり、仕事の質を高めたりするために決定的に重要になるのです。

以上、創造的思考の4つの段階を紹介しましたが、いずれも現在あるさまざまな課題を解決したり、新しいものを生み出したりするためのステップとなることがお分かりいただけたのではないかと思います。

この他にも私は文房具の一つである付箋（ポスト・イット）を上手に使って、創造力を高める時間管理のマニュアル化をしています。

そんなに難しいことではありません。まず色の違う付箋をいくつか用意し、縦横軸からなる簡単な表を作成します。縦軸は一日の時間、横軸は自分自身やパートナーなどの名前を書きます。縦軸（時間単位の軸）に沿って自分やパートナーの行動（勉強、仕事、プライベートなど）を色分けした付箋に記入し貼っていくのです。

こうしてでき上がった表から各自の行動全体を見ると、さまざまなことが見えてくるのです。「平日でも使える時間がある」「休日も仕事で家族との時間がなかなかとれていない」などが把握できます。

またポスト・イットは貼り剝がしが自由にできるため、その日のさまざまな行動（食事、仕事、休息、外回りなど）の順番を組み換え、効率的な時間の使い方を工夫することが可能です。読者の皆さんも是非一日の中で「創造性」を生み出すための時間を工夫するようにしてください。

19 一生燃え尽きない創造力を備える

自分で創造したアイデアが実用化されても、一年後には次のものにとって代わられ、すぐに陳腐化してしまうのが現代の産業社会です。常に何かを生み出していくためには「創造力」に持続性がなければならないでしょう。

持続可能な創造力を持つためにはどうすれば良いのでしょうか。

日本で大学を卒業してすぐ私は修士号を取得するためにニューヨークに渡りました。その後にOXONに入学し博士号を取得するまで合計して約7年近くかかりました。

海外の一流大学には自分のキャリアを中断し、高額の学費を工面して世界中から集まるエリートたちが大勢います。日本の大学を出たての当時の私は、その中でも最年少グループに入っていたこともあり、彼らと切磋琢磨し、かつ協力し合ったつながりが、厳しい学業生活に耐えうる何にも代えがたい財産だったのです。

ＯＸＯＮのチュートリアルの経験や、さまざまなバックグランドを持つ同窓生たちとの国を超えた交流により、私は創造力を身に付け、持続させることができたのです。

①常識や固定概念にしばられない

107ページでも触れましたが、新鮮かつ役に立つものや考えを世の中に出していくためには、常識や伝統にとらわれない発想力が大切なのは言うまでもありません。常識や伝統は自身の生まれ育った社会や文化、自身が所属する組織の風土に深く根付いて無意識に考えや行動様式を制約し、「創造力」を持続するうえで最大の障壁となります。

ですから、日頃から外の世界を見る機会を多く作るべきだと思います。学生なら、なるべく早い時期に海外旅行を経験し、経済的・時間的余裕があれば海外で生活してみるのが良いでしょう。

海外の経験が早いほど、見聞を広げるキャパシティーが大きいと思います。社会人であれば、異なる業界の人達と積極的に交流して友達をつくる、また休みを利用して旅行に行くことも普段とは全く違う世界を知る機会となるのでお勧めします。

②世の中の動きに敏感になる

世の中では「Who（だれ）」「What（なに）」を問題としているのか、そして「How（どのように）」して対応しているのか、そういった時代のニーズを把握することが、時勢にあった創造性の育成に役に立つでしょう。

私は仕事柄、必然的に研究書や論文を読むのに多くの時間を費やしてしまいます。さすがに専門分野である教育のことについては多少の知識を持っていると思うのですが、それ以外のことになると何も知らない「専門バカ」にならないように注意しています。

そのため、私は毎日2種類の大手会社の新聞を読み比べるようにしています。またこの他にも、インターネットで配信されるニュース、海外メディアの情報など、可能な限り多様な情報ソースに触れるようにしています。

優れたアイデアを創造することは、実は大衆動向や社会全体の動きに敏感になり、常に関心を持っているということと表裏であると考えています。

③自分のやりたいことをはっきりさせ、周りに公表する

「好きこそものの上手なれ」という諺《ことわざ》があります。興味があるものには時間が経つのも忘れ、没頭してしまいます。自分自身が本当にやりたいことを見つけ、実際に1年先、3年先、10年先の具体的なビジョンを計画します。そしてそれを家族や友人などに公言することも大切です。自分のしたいことを周りの人々が分かってくれていることは応援を得ることもあり持続力に繋がるのです。

④自分の時間を大切にする、健康管理に気を付ける

自分の時間を大切にすることは本書で繰り返し述べて来ました。過去に蓄積してきた問題意識を実際に応用してみることや、普段とは異なる視点も取り入れて解決策や新しいアイデアを生み出すためには、一人で過ごせる落ち着いた時間が必要です。

また日頃の健康管理も創造性を持続させることに繋がるでしょう。歳を重ねて組織で責任あるポジションに就くと、忙しさのあまり自分の健康状態に疎くなってきます。早寝早起き、三食をきっちりとる、身の回りを清潔に保つ、適度な運動をする、など昔からよく耳にする基本的な健康管理を怠らないことです。私は健康維持のため「頭冷足熱」（頭部は冷やして、足部は温める）を心掛けています。ですが、疲労がたまっているときは思い切って休暇をとり、ゆっくりと静養するようにしています。

⑤自分を称え、「ご褒美」を与える

到達目標が高く、時間を要するものであればあるほど、その実現化には持続可能な創造力が必要となります。結果が出るまでに労力がかかるようなプロジェクトや研究は、達成するまでにいくつかの「峠」を設けることです。そして各「峠」にたどり着いた時点で、自分をおおいに褒めてください。またご褒美として、旅行にでかける、趣味を楽しむ、買い物をするなど、自分を喜ばせることが、次の創造に向けた活力になります。

ただ、思う存分ご褒美を堪能した後は、また次の目標に向けてきちっとスケジュールを組んでください。ご褒美に満足してしまって、そこで「燃え尽きて」しまわないためです。

以上述べたことは、私自身の実際の経験に基づいています。ニューヨークに留学した頃はまだ若く、マンハッタンのカフェで将来の夢に向かって熱い思いを巡らせていました。自分自身が理想とする各年齢での到達目標をノートに書き出し、ちぎっては部屋の壁などに貼ることもありました。時にそれを声に出して読み上げ自分を鼓舞していたのです。今思えばそうした行為も効果があったと思われます。驚かれるかもしれませんが、この歳になった今でも一人でこっそり自分の目標を手帳に書き出し、時折音読しています。

Chapter 3
Summary

◆従順な秀才よりも批判力を持つ凡才になれ

◆行き詰まったらやり方を変える

◆思考を活性化するために、考える散歩をする

◆達成可能な小さな目標と、締切日をできるだけ具体的に設定する

◆創造的思考を４つの段階にマニュアル化する

◆どんなに小さなことでも見つけて褒める

◆自分の時間や健康管理に気を付ける

Chapter

4

チームワークで勝ち抜く「戦闘力」

Better the devil you know
than the devil you don't.

20 日本人に決定的に欠けている「戦闘力」

「戦闘力」と聞くと、今の日本人はあまり良いイメージを持たないと思います。

幼い頃から目立つこと、和を乱すこと、他者に面と向かって反論することに対して否定的な環境で育てられてきた私たち日本人にとって、今日から相手と激しく言い争ったり、急に自分の思ったことをしっかりと主張したりしなさいといってもなかなかできません。

ですが、グローバル社会で日本が生き残るためには、他者の意見に追従し続ける限り未来はありません。

そこで本章では、私たち日本人に欠けている戦闘的な能力にはどのようなものがあるのか、どのようにして身に付けて行けばいいのかについて述べていきます。

空気は「読む」のではなく「話す」

世界の人々にとって日本人全般にみられる傾向としてよくあがるのは「自分の意見をはっきりと主張しない」「ＹｅｓとＮｏがはっきりしていない」ことです。この性質は日本人の国民性を理由に説明されることがあります。

私はニューヨーク大学の修士課程で「異文化コミュニケーション（ＩＣ）」という学問を学びました。そこには3年近く滞在していたのですが、「人種のるつぼ」と呼ばれ、いくつもの人種や言葉で溢れかえるニューヨークの街で取り交わされる会話自体をＩＣといっても過言ではないでしょう。

コミュニケーションはただ単に言語だけで取り交わされるのではありません。会話をしている人をとり巻くさまざまな周辺環境（たとえば場所、時間、状況、人々の関係性、タイミングなど）が強く作用しているのです。この周辺環境のことをＩＣでは「コンテキスト」と呼ぶのですが、間違いを恐れず訳してみると「空気を読む」の「空気」にあたるようなものだと思います。

日本人のようなコミュニケーションの特徴を持つ国は、他にそんなにはないのです。ですので、グローバル社会では「空気を読む」ことを期待せず、「空気を話す」よう心掛け、自分の意志をしっかりと伝える姿勢が大切です。

「戦略」と「戦術」を駆使する

長い人生の中では個人的であれ、組織体としてであれ、多かれ少なかれ競合するライバルと対決しなければならない場面があります。企業の新規事業参入、受験、就活そして最近では婚活なども話題に上りますが、私たちは自分の意志にかかわらず競争にさらされることがよくあります。

そんなときは何らかの対策を考え行動に移すこと、すなわち「戦略」や「戦術」が必要不可欠となりましょう。

「戦略」と「戦術」は普段あまり区別されずに使われている言葉です。いろいろな情報を頼りに整理してみると、戦略は大きな計画やビジョン自体を意味し、「企業戦略」「経営戦略」などで使用されます。一方「戦術」は計画やプロジェクト（つまり「戦略」）を遂行・達成するための「手段」や「方法」を意味すると思われます。

一般の企業と同じように近年大学の世界でも、言葉の違いこそあれこうした「戦略」や

「戦術」が必要とされているのです。ＯＸＯＮもその例外ではなく、世界のトップ大学と熾烈な経営競争を繰り広げています。大学を世界一にするための「戦略」、それを達成するためのさまざまな「戦術」、意思決定を迅速にするための内部組織改革、学部等の新設と統廃合、校舎の近代化、学生獲得を目的とした奨学金の拡充やリクルート制度の導入など、が展開されているのです。

ＯＸＯＮでさえ長期的戦略を持って世界の優秀な学者や学生を獲得する努力をしなければならない時代になりました。評価指標のとり方などから一概には言えないのですが、東大は日本のトップ大学ではあるのですが、世界ランキングではＯＸＯＮの遥か後方に位置しています。秋入学や英語による学部やプログラムの開設など国際化の波に乗り遅れないよう努力がなされてはいるのですが、そのスピードは決して速いとはいえない状況です。

本章では戦闘力のエッセンスとして、チームとしての戦い方、状況を見極め適切な判断を下す力、対立する状況における意見の通し方、準備の仕方や効果的な撤退を取り上げ、その育成法などを解説していきます。

21
経験と知識を合わせ、適切な判断を下す

「イギリス人は歩きながら考える。フランス人は考えた後で走り出す。そしてスペイン人は、走ってしまった後で考える」

これは国民性と思考・行動を表す有名な諺です。他の国のものはないのですが、さしずめアメリカは「走りながら考える」といったところでしょうか。

戦闘力とは、行動する（または行動の前後）ための判断・決断ともいえるでしょう。まず争う・争わない決断、争う場合、誰と、いつ、どこで、何を武器に、を判断していくことが求められます。

「判断」と「決断」の境目

ＯＸＯＮで学んで養われたスキルの一つに「判断と決断のバランス感覚」があります。簡単に言えば、「判断力」は、必要十分な情報を収集し客観的な視点から分析して適切な方向性を選択する力です。「判断」は、何からの情報材料が揃わないと下せないものであり、おそらく判断する人が替わっても大抵答えは同じようになるのです。

これに対してどんなに情報を集めても不安が拭いきれない、あるいは情報を集め過ぎるために、かえって複雑性が増してしまう状況で下さなければならないものが「決断」です。子ども、学生、部下が誤った行動をしたとき、どのような言葉をかけるべきかを考えるのが「判断」なら、「この人と結婚すべきか」「今の仕事を続けるべきか、転職すべきか」という人生の重大なことは「決断」が迫られますね。

「判断」と「決断」の境目となるのは情報と心理状況のバランスです。「判断力」には日頃アップデートされるさまざまな情報をいかに効率的に入手・分析して選択をするのかといったスキルが大切です。

一方「決断」は、自分の「価値観」や「信念」などといった人の心が選択する際のネックとなってきます。このように、「判断」と「決断」は状況に応じて使い分ける必要があり、間違ってしてしまうと後悔する結果になってしまいます。

適切な判断力とは？

研究であれ、ビジネスであれ、日常生活レベルでは妥当性のある答えを判別する判断力が求められます。以下ではまず判断力についてみていきましょう。

判断力とは物事を正しく認識したり、評価する能力のことと定義してみましょう。

さらに「判断力」とは次の3つの面において適切な判断ができる能力に分けられます。

- **自身が置かれている状況を把握する力**
- **判断するタイミングを見極める**
- **自分の下した判断を正当化できる力**

はたして、このような適切な3つの力を兼ね備えた「判断力」はどのようにして身に付けることができるのでしょうか。またどのように教えればいいのでしょうか。

「判断力」を構成する2つの能力を統合する

先に説明した「判断」と「決断」を区別する必要があるように、何らかの「判断」を下す際には、求められる能力も区別しなければなりません。人が判断や決断に至るまでの過程は以下のように2つの部分に分けることができます。

①経験的判断力：実際の経験・体験の積み重ねから判断する

人は、何か判断をしなければならない場合、まず過去に同じような経験したことがあるかどうかを思い出そうとします。もし似た体験があった場合にはそのときのことを思い出し、判断の結果が正しかった場合には同じようにし、そうでない場合にはその理由を考え、避けようとします。

経験的判断力は「この人はどのような人物か」など解のない問題に対処する際に役に立つでしょう。ですので、この力を身に付けるためには専門性や職種に関係なくできるだけ多くの人々と接する機会を持つことが重要となってきます。

経験的判断力は特に「判断するタイミング」を見極める際にも発揮されるものです。たとえば、特定の人との人間関係を維持するか、否かを決めるなどタイミングを測る場合、いくら科学的な知識や情報に基づいても判断できないことがあります。その時は、自分の経験から得られた「カン」や「チエ」を信じてみることです。

②知識的判断力：知識や情報にもとづいて正誤を判断する

経験的判断力だけでは対応できない状況下では、知識や論理を学ぶことによって問題に直面しても適切な解答・解決ができる力、すなわち知的判断力が必要となります。

たとえば受験のときなど、多くの知識を習得、応用力を鍛えることで直面する問題に冷静に対応することが可能となるでしょう。ビジネスでは経営学等の知識をフルに活用することで利益の増大やリスクヘッジに役立てることです。

知識的判断力は、自分の下した判断を客観的に検証し、正当化する際にも大切になってきます。自分がリーダーとして実施したプロジェクトの結果が成功したのか失敗したのかが判断が付きにくい状況もあるでしょう。もし自身の判断や主張によって結果が正反対になりそうな場合は、学術的な知識や説得力のあるデータによって「これはただしかったのだ」と判断し、正当化することです。

適切な「判断力」とは、経験・体験による部分を知識や思考による部分と統合し、バランスをとって方向性を決定することです。職場の上司が「昔取った杵柄」をたよりに時代のニーズに適していない判断をする場合は、経験的判断力に偏っている状態であり、私のような研究者は、現実の状況にそぐわない「机上の空論」と呼ばれる判断をしてしまいがちですので、逆に経験に基づく判断が必要であると考えられます。

失敗する経験は未来の判断力の糧

また、部下に対して「あれをしてはいけない」「このようにしなければならない」と自分の考えを必要以上に言い聞かせることは、彼らから新たな経験や自分の力で考える場を奪ってしまうことになります。

これからの成長が期待される人々には、ある程度の失敗する経験をさせるべきであり、その結果、自身で判断の誤りを気付かせるようにしなければなりません。それが将来、適切な判断を生み出す糧となり、他人の立場を理解することにもつながるのです。学校教育や職場における判断力の向上には、ある程度失敗する体験を適宜与えることです。

ＯＸＯＮ人には共通して、失敗を恐れず前に進むために必要な戦闘的な判断力があり、しかもそれは日頃の簡単な心がけを持つことからはじまってます。

一に、情報に敏感であること。気づいたこと、思いついたことはすぐに書き留められるよう手元にノートとペンを用意することです。

私は毎朝かならず20～30分は新聞に目を通すようにしていますが、その際には小さなノート、青ペン、ポスト・イットが入った小さな袋を必ず横に置いておき、いつでもメモやチェックができるようにしています。書き留める作業を後回しにすると、忘れたり、関心が薄れたりしてしまうので、思いついたら、一分以内に実行することが肝心です。

二に、書き留めた知識や情報を定期的に整理整頓することです。情報社会の発達とともに、日々では溢れんばかりの知識や話題に接することでしょう。ある程度情報が溜まってきたら、それらをトピックスなどに分けて整理することです。

そんなに難しいことではありません、集めた情報（新聞の切り抜きやメモ）を小分けにして封筒に入れ、表紙にトピックを書き記しておくだけでいいのです。そして本棚などに時系列順に並べて保管するだけです。こうすることによって「いつどこで、自分がなぜそのテーマに興味を持ったのか」が一目で分かります。

三に、古くなった情報は捨てて新しいものに更新していくことです。集めた情報を捨てるタイミングは、その情報が必要となった企画やプロジェクト、論文が完了した時点が目安となります。

22

相手を納得させ、自分の考えを通す力

組織中での対立はよくドラマのテーマとなり、高視聴率をとります。教授会内での対立、上司と部下の対立、個人と組織の対立、あらゆる社会生活の中で対立は避けて通ることはできないものです。ですが、見方を変えれば「対立」は「革新」を生み出すチャンスにも繋がります。

「コンフリクト・マネジメント」

西洋社会では「**コンフリクト・マネジメント**」と呼ばれる学問分野が早くから確立され、研究対象となっています。コンフリクト・マネジメントとは政治、経済、軍事、教育あらゆる社会的営みのなかで生じる個人間や組織間、また組織内部の「対立」はどのようなものなのか、その発生プロセス、そして解決策を提案する学問です。

心理学者のトーマスとキルマンは、人が対立したときに取りうる態度について、5つのモードに分類しています。

・競争モード＝相手を犠牲に（説得）して自分の利益を優先させて解決
・受容モード＝自分の要求を減らして相手の要求を増やすことで解決
・回避モード＝その場で解決を避けて、対立すること自体を回避して解決
・協調モード＝お互いの立場を尊重し協力しながら解決
・妥協モード＝お互い妥協して部分的に取り入れることで解決

企業買収の交渉に携わる欧米の有能なコンサルタントがタフなイメージの「競争モード」であるとするなら、日本の企業人は対立をできるだけ避けようとする「協調モード」であると思われます。

この5つのパターンのどれが適切なのかというのは一概に言えませんし、もちろん状況によって違います。言いかえれば状況に応じて方法を使い分けることが大切なのです。

沈滞した状況よりも適度な「対立」が必要

近年のコンフリクト・マネジメント研究によれば「いつも仲良しで協調的な集団は停滞してしまう」「場合によっては効果的にコンフリクトを起こす必要がある」という調査結果がだされていることから、コンフリクトを組織改革のために戦略的に活用することが示唆されています。

ＯＸＯＮの授業は講義一辺倒ではなく、必ずといっていいほど授業中に学生同士のディスカッションが行われます。このディスカッション自体がまさに学生間に適度なコンフリクトを与えるのですが、概ね次のような効果があると思います。

- **誰もが率直に本音を話せる雰囲気が作り出される**
- **自分と相手の性格がよりよく理解され、良好な人間関係が築ける**
- **議論が深められると同時に意思決定が迅速になる**
- **意見を戦わせることで、新しいアイデアや発見につながる**

こうしたメリットがあることから、結果的にはディスカッションをしている者同士により多くの成果がもたらされる機会が増えると考えられます。

「対立」を嫌う日本人に必要な戦闘力

「和」を重んじる日本では、「対立＝悪」として避ける傾向が強く、学校や企業では効果的にコンフリクトを使えることは少ないと思います。もちろん協調性を重んじる姿勢は評価されるべきですが、グローバルな大競争時代ではそうばかりとは限りません。

それでは相手を納得させ、自身の考えを通すことのできる人材にはどのような素質が必要なのでしょうか。先に述べた5つのコンフリクトのモードにそって説明したいと思います。

①競争モード：圧倒的な差をつける

まず競争相手に圧倒的な差をつけて対立が生まれにくい状況を作る場合です。

たとえば、ＯＸＯＮのビジネススクールの友人から聞いた話ですが、日本のキッコーマン社ブランドが世界の醤油《しょうゆ》市場で他を寄せつけない程高いシェアをキープしていることが、有名なビジネスケースになっているそうです。

日本特有の醤油の製造会社であるキッコーマン社が、国際的企業にまで発展したのは、「醤油」だけを販売するのではなく、醤油を料理ごと紹介する販売戦略でアメリカに日本食文化を新たに紹介・定着させたことが主な理由だそうです。まさに今でいう「クールジャパン」の先駆けのような文化戦略の一環とも言えるでしょう。

Teriyakiという言葉は今では英英辞典にまで掲載されるほどです。余談ですが、「キッコーマン」という名称の発音が「キッコーネン」という北欧の人名と似ているため、イメージがアップしたこともプラスに働いたようです。

他社を圧倒するブランド力を持つことで、あらかじめ対立を「生めない」状況を先に形成するのも一つの手段でしょう。

②受容モード：相手の意見を部分的に入れる

OXONで勉学を始める前にアメリカのニューヨーク大学に留学していた私にとって、研究・教育スタイルの模範と言えばアメリカでした。そうしたこともあって、イギリスとアメリカの大学では議論や意見の戦わせ方に大きな違いがあることに気付きました。

上記した「競争モード」ともいいましょうか、アメリカでは相手に鋭い意見を述べることが優秀さの証となることから、発言者は競い合うかのように議論を展開します。それに対してイギリスでは、一つのテーマについて意見を激しくぶつけるのではなく、皆々の意見のおもしろいところを見つけだし、部分的に取り入れることで議論を活性化させているのです。これは「受容モード」に近いものだと思います。

国や文化によってコンフリクトモードが変わってくるので、それを見極めて議論に参加する方法を身に付けることです。

③回避モード：問題を正面から回避し、自分の意見を出す

一つの課題を想定しましょう。新婚夫婦がマイホームを買うためにハウスメーカーにやってきました。夫婦の希望は南向き（南接道）の物件ですが、ハウスメーカーの売りたい物件は東向き（東接道）の物件です。希望の南向きではないので、どのように説得するのが良いでしょうか？

説明のしかたによっては南に執着して買わなくなる可能性もあります。優秀な営業マンは恐らくこういうのでしょう。「南はいいですよね」とまず相手の意見を受け入れます。「しかし南向きですと、夏は非常に暑くて、電気代が掛かります」と自分の意見を述べます。さらに「東に大きな開口部（東接道）があれば朝日が入り込んで、朝から大変気持ちの良い一日になりますよ」、また「東側からスカイツリーがよく見え、まさに東京に住んでいるという都会の感覚を得ることもできます」と問題について直接議論せず回避して新しい提案を出すのです。

④協調・妥協モード：目的は一つであることを強調

私の家庭も例外ではないのですが、子どもの教育問題は夫婦間のコンフリクトの主な原因の一つといえるでしょう。妻の言い分、夫の言い分それぞれ異なりますが、ここで大切なのは、何よりも子どもの希望を尊重することです。無駄な喧嘩を避けるためには、夫婦間の意見の「違い」に目を向けるのではなく、お互いに「同じ」目的・目標に向けて協調していることを確認し、そこから突破口を探していくのです。

対立をできるだけ友好的に解消していくには、どのようなステップを踏んでいけばよいのでしょうか。基本的には①相互に本音で話し合える場を作り、②共通課題を発見し、③解決に向けて協力して対処策をだす、ことでしょう。そして、その対処策をお互いに評価し合うのです。

夕焼けに鎌を研げ‥準備こそ最大の武器

23

就職活動中の学生たちはよく相談にきます、「面接で自信が持てない」と。

私の答えもいつも決まっています。「一に準備、二に準備、三に準備」です。

日本の古き諺「夕焼けに鎌を研げ」のように、明日の稲刈りや草刈りのために、その日のうちに鎌を研いでおくようにとの教えです。

就職活動の面接の場合、希望企業の事を徹底的に調べ、どういう人材を望んでいるのか、どんな事業を展開しているのか、その会社の製品はどんなものなのかをしっかり把握しておくことが、聞かれた質問に答える自信を高めてくれるのです。プレゼンテーションにしても、面接にしても緊張を和らげる最も有効的な方法は十分な準備なのです。

効果的なプレゼンテーション準備

大勢の前で話すとなると、プレゼンテーションのときにどうしても声が震えたり、うまく話せなかったりする悩みがある場合は、下記のような準備をすべきです。

・出だしの言葉は最初から決めておく

「皆さんこんにちは」や「改めまして私が海川商事の山田太郎です」などだれでも簡単に言える短いフレーズを、笑顔で聴衆の方をみて大きな声でしっかりと言うことです。

・全体の話をストーリーで覚えておく

学会発表などでは話す内容をそっくりそのまま紙に書いて読むだけの人もいます。これでは原稿の棒読みで、聞いている方も退屈しますのでいただけません。話す内容をはじめから終わりまで全部で5パートぐらいに分けて、パート毎に話したい内容を簡単に箇条書きにしておくとよいでしょう。

海外の学会に参加するとアメリカ人の学者などは、全く原稿を読まず、手に簡単なメモカードを持って時折見ることはしますが、ほぼ聴衆に語りかけるように上手に発表します。

・用意したものをすべて説明しなくてもいい

聞き手は、話し手のプレゼン内容をすべて記憶するわけではありません。決められた時間内で最重要事項だけを伝えれば、その他の説明などはあまり必要ではないのです。

・何度も練習する

リハーサルで数人の人に聞かせてみてアドバイスを受けることも大切です。また時間があれば自分のプレゼンテーションをビデオで録画し、発表内容だけではなく視線や声の調子、姿勢などもチェックしましょう。

つまり、万全な準備は成功を導いてくれる、そしてその成功がきっかけとなり、さらに良き循環を引き起こし、仕事をワクワクさせてくれるわけです。

プレゼン本番の5つのポイント

以上の準備を踏まえた上で、いざプレゼン本番となるのですが、その際の大切な5つのポイントを簡単に説明しておきたいと思います。

①最初に結論がきているか？

「本日のプレゼンでお伝えしたいことは……です」など、プレゼンテーションでは「結起承転」の順で進めます。また最初の結論は15秒以内に収まるようにするとよいでしょう。

②伝えたいことは最大3つに絞っているか？

論点が多すぎると聞き手が混乱します。人間にとって数字の「3」は安定性を感じさせます。

③証拠となる数字が入っているか？

「理念」や「主張」で押し切ろうとするのではなく、証拠となる数字を入れます。

④ビジュアル効果を使っているか？

基本的な図形である○△□などを利用しコンセプトを視覚的にする。使用する色は大体

3色とする。また自身のプレゼンスを示すために、「自分カラー」を決めてみましょう。

私は基本的に緑色が好きですので、いつもそれを基本とした色で統一しています。

⑤パワーポイントスライドのタイトルは短く、体言止めになっているか?

次の2つの文ではどちらが印象に残るでしょうか。

「現在の企業利益は最大となっている」

「現在最大となっている企業利益」


新聞、雑誌、テレビなどタイトルは多くが体言止めとなっているでしょう。

日曜日は週末ではなく「週初」という感覚を持つ

「週末」というと土曜日と日曜日をあげる人が多いと思います。実際「先週末はなにをしていた」と聞かれると、土・日曜日のことをこたえますね。

OXON人にとって日曜日は週末ではなく、「週初」と捉える人が少なからずいると思います。日本では「サザエさん症候群」といって、テレビアニメの「サザエさん」が始まる日曜日の夜の6時半ぐらいになると、翌月曜からの仕事のため気分が落ち込んだりする症状があることが報告されています。

私は月曜日からスタートダッシュをきるためには、日曜日の心の持ち方を「休息」から「準備」となるように変えていくことが必要だと考えています。

OXON時代からの習慣になっているのですが、私にとって日曜日は月曜からの授業に備える「準備日」と捉え、日曜の午後からはできるだけ明日のための準備をするようにしています。心掛けるだけで気の持ちようが変わり、月曜の朝が苦痛にならなくなりました。

そうはいっても、リフレッシュしたり、家族サービスをしたりしなければならず、日曜にそうしたいと思うのはごく自然ですね。

私はその分、週末は金曜の夜から翌土曜日の夜までと捉え、その時間帯にパーティーやコンサートにでかけるようにしています。

24

〝次〟につなげる効果的な撤退法

「逃げる」ことは「相手にしない」

日本社会では、戦闘中に「逃げる」ことを悪いことと見なし、つらくても耐えてその場にとどまることが美徳と考えられることが少なくありません。

たしかに、明確な目標があって、大きな成功が得られるならば、耐え忍ぶことには意義があるでしょう。しかし、現実には逃げないといったことがあまり意味のない場合も少なくありませんので、何の裏付けもなしに、「我慢は美徳」という考え方だけが独り歩きするのは良くありません。時には、「勇気ある撤退」が必要な場面もあります。

読者の皆さんも経験があると思いますが、毎日届くメールの中には、気分を害するような内容のものが含まれていることがあります。私の場合などは、自身の書いた本や論文への、根拠を欠いた批判などがあります。しかも匿名でくる場合が大半です。

そんな時ついカッとなって反論したくなるのですが、あえて相手にしないことにしています。こうした類《たぐい》のメールはたとえ相手を論破したところで、手をかえ品をかえ嫌がらせを繰り返してくるだけです。

ですので、ここは逃げる、すなわち「相手にせず」という姿勢を貫くことにしています。具体的に言うと、「返事を返さない」「該当メールをみない」「相手について考えない」ということです。結果的に相手にしなくても問題が起きず、時が過ぎれば収まるようなことは、そもそも気にかけるに値しないことかもしれません。

効果的な撤退3つのポイント

中国の兵法家の孫子の思想は、西洋諸国でも高く評価されており、特に経営学など戦略が必要な学問分野で広く応用されています。孫子の戦いの原則は「敵の十倍の戦力があれば敵を取り囲み、五倍であれば攻め、二倍であれば敵を分断し、互角のときは全力で戦い、少なければ退却し、勝ち目がないと見たら戦わない」ということです。

戦場において「勇気ある撤退」が合理的であるように、実社会においても「逃げることが大事」なシーンがあります。

①賢く逃げることが必要な場面もあることを心得る（BATNA）

人間社会では教育、ビジネス、恋愛など絶対に譲れない大切なものが必ずあります。では、「これが満たされなくなったら意義がない」という基準はどこに定めればいいのでしょうか。それを考える上で**BATNA（バトナ）**は示唆に富みます。

BATNA（Best Alternative to a Negotiated Agreement）とは、ビジネス上の交渉術でよく使われる言葉で、「これが満たされなければ、身を引く」というギリギリの条件のことです。

たとえば、駅の近くの書店で小説が500円で売られているとします。家の近くにある古本屋で購入するとするなら、500円以下でないと買う意味はありません。

自分のなかでBATNAすなわち、「最終ライン」を定めておくと、合理的に「引き時」を判断することができるため、心に余裕ができ、無意味に交渉を引き延ばすことや、ストレスをためたり、他者に利用されたりするリスクが減るのです。

ビジネスにおいては、交渉がつきものです。不動産売買や車のディーラーなどの営業マンにとっては交渉術が売上に直接影響を与えます。交渉相手から提示されたオプションの他、最も望ましい代替案というのは、この「BATNA」です。それは交渉を始める前に用意することが有効的です。

もう一つ業務システム開発受注の例をあげましょう。A社が2・5億円の見積もりを出しました。しかしお客さんはB社とC社に相見積もりを取った後、A社に2億円にして欲しいと値引きを要求してきました。よくあることです。どうすればよいのでしょうか。

2億円で引き受けると、あまり利益は出ません。とは言うものの、2・4億円まで下げただけではお客さんを他社にとられてしまいます。そこでBATNAの登場です。

2・2億円でやらせていただきたいと伝え、システムカットオーバーの時期に調整の余地を与えてもらい、システムエンジニアの数を減らすのか等々代案を提示します。ただし、「当社で開発の類似システムは品質に厳しいX社、Y社、Z社でも採用されており、システム障害などのクレームもほとんど無い『Proven』なものですよ」とも補足します。

BATNAの対語として**WATNA**があります。WATNA（Worst Alternative To a Negotiated Agreement）は自分の側にとって、選択してはいけない最悪の合意点を指します。このような交渉術は、ビジネスのみならず国家間の外交でも応用されており、欧米の研究によるとアジアの「ならず者国家」はBATNAが高いという分析結果があり、逆にBATNAが低いのが日本であると言われているようです。

このように相手との交渉戦略を練る上では、前もってBATNAやWATNAを決めておくことが必要でしょう。

②「敵を知り、己を知れば百戦危うからず」

先にも登場した孫子の言葉に「敵を知り、己を知れば百戦危うからず」というとても有名な教えがあります。読んで字のごとく、戦いに勝つためには敵についてよく研究するだけではなく、自分自身の強みや弱みを知る必要があるということです。

だいぶん前になりますが、イギリスの大手ドラッグストアの「Boots」が日本に海外支店を展開したのですが、あえなく数年後に撤退したケースがありました。

私もイギリス滞在中はよく「Boots」を利用しました。「Boots」は英国の小売業では第1位の売上を誇り、数多くのオリジナル製品を販売しています。「prime but accessible（高級なのに手に入りやすい）」という分かりやすい企業イメージで知られていて、店の雰囲気は高級感があるのですが、店ではサンドイッチとコーラのセットが2ポンドほどで売られていたりするのです。

しかし、日本では英国「Boots」の「prime but accessible」という概念が理解されませんでした。英国と違って日本の市場では比較的に高級志向と庶民志向が2極化されていることから、社のイメージ戦略が功を奏さなかったのです。そして隣にあった日本の良く知られるドラッグストアにあっさり敗北を喫したのです。

英国内で発揮できる「Boots」の戦略が、所変われば通用しなかったのは、孫子の教訓に倣わなかったことが原因なのではないでしょうか。

③撤退した後は必ず分析する

撤退した後は、それによって回避できたこと、得られなかったことが何かを検討する必要があります。

撤退しただけで安心したのでは、撤退した経験が無駄になってしまいます。なぜ逃げる必要があったのか、逃げたことによって、どのような悪い結果を避けることができ、逆に得られなかったものはないか考えるようにします。

その分析法の一つに、「**SWOT分析**」があります。SWOTとは、組織や個人が目標を達成する場合に、自身の置かれている外部環境や内部環境を強み（Strengths）、弱み（Weaknesses）、機会（Opportunities）、脅威（Threats）の4つのカテゴリーに分けて分析し、現状維持か撤退かなどの判断を戦略的に策定する分析方法です。

SWOT分析（東京外国語大学の戦略策定の例）

	内部環境	外部環境
プラス面	強み Storengths 言語力が強い 学費が安い 就職率が高い	機会 Opportunities オープンキャンパス 市民講座
マイナス面	弱み Weaknesses 理系学部がない	脅威 Threats 他国立大学の躍進

SWOT分析はビジネス経営だけではなく、最近では大学の戦略策定の際にも用いられているのです。ここでは大学を例にとって説明します。まずは調査分析で得たマクロ環境の情報（受験者の傾向、経済成長、就職動向など）が、ミクロ環境（たとえば大学の経営など）にどのような影響を与えるのかが調査されます。そして、その影響が大学にどのような影響を与えるのかを分析し4つの要因（SWOT要因）「機会」・「脅威」、「強み」・「弱み」を特定します。

そして、特定したSWOT要因から、「機会」と「強み」「弱み」をクロス分析し大学が実行、克服すべき内容を決めます。一方で「脅威」と「強み」「弱み」のクロス分析より大学が克服、回避、撤退すべき内容が決まるのです。

人は困難にぶつかると解決法を必死に探したり、我慢したりするのですが、時には「逃げるが勝ち」ということも大切な解決法の一つだということを、ぜひ覚えておいてください。

〈 Chapter 4 〉

Summary

◆空気は「読む」のではなく「話す」

◆判断と決断のバランスを鍛える

◆「対立」は場合分けして対応する

◆判断の材料になる知識や情報は定期的に更新する

◆準備こそ戦闘力の基本中の基本

◆身を引く条件を決め、効果的な撤退で次につなげる

Chapter

5

正解のない問題に向き合う「分解力」

Every cloud has
a silver lining.

25 哲学と仮説で磨かれる「分解力」

小学校から高等学校までの日本の学校教育では、教師が説明したことを記憶し、試験でアウトプットできる人が高い点数を取りました。

たしかに、義務教育段階で勉強することは、基本的な文字の読み書き、計算など、日常生活に不可欠な知識を多く含んでいますので、教わったことを記憶することにも、全く意味がないとはいえません。

ところが、大学ではこうした知識記憶型の教育は年次が上がるごとに減っていき、また社会に出てからは特定の知識を正確に記憶しているかテストされる場面は少なく、むしろ、教わったことがない、経験したことがない問題に直面したときに、どう行動するかが問われます。そして、その行動の結果に対して正解・不正解のようにはっきりとした評価が下せないことがあります。

分解力とは、正解のない問題にいかに向き合うのか、その姿勢を意味します。

さらに言えば分解力は自ら課題を設定し、論理的に考え、自分なりの結論を導き出すプロセスにおける心構えのようなものでしょう。

正解のない問題を見極める

さまざまなメディアで「問題解決能力」の重要性が盛んにとり上げられています。問題解決能力を身に付けるためには、発生する「問題」の本質を見極めることが前提となります。

OXONの教育学大学院（GES）の授業は大半が事例研究です。私の専門分野は比較教育学でしたので、学生は事前に共通設定されたテーマ（たとえば、いじめ、教育格差など）に関する基礎知識を読み込み、次に各自が関心のある国や社会にみられる問題を発見・分析し、解決策を考えた上で授業に参加します。このとき学生には配布された独自のプリント教材と指定された文献以外を参考にしてはいけない、という指示がだされます。

事例研究は、実際に各国の学校や家庭で起こった教育問題を扱うため、ネット検索すれば、何らかの対応策をすぐに知ることができます。つまり予習の段階でネットなどを多用することは自分で考える前に他者の意見などに影響を受けてしまうため、自ら問題を設定し、解決を導くための訓練の機会を逃してしまうことになってしまうのです。

「テクニック」よりも「フィロソフィー」

OXONのGES博士課程では、入学1年目の「見習い学生」のときに、教育研究者として問題を発見し、その本質を見極めることを骨の髄まで叩き込まれます。教育学の分野だけでなく、OXONで学位論文を書き上げる際に、まるで日常の挨拶のように言われる言葉があります。それは「哲学を持て」と「仮説を立てろ」ということです。

西洋諸国の大学でよくあることですが、事例研究など実際に生じたケースなどをともに、問題予測や解決策を考えたりする授業が数多くあります。OXONでは事例研究をする場合には、事例分析にとらわれ過ぎず、かつ「自分の哲学を持て」と教えられました。ビジネスパーソンが「営業利益の追求」のためだけにケーススタディを繰り返すだけでなく、「顧客を満足させる」という哲学を忘れてはならない、ことと同じようなものです。

仮説を立てる

もう一つは、仮説を立てることです。

「仮説（Hypothesis）」とは、正解・不正解にかかわりなく、何らかの現象や課題を説明するのに仮に想定された自分の説のことです。

学生が何らかの教育問題に取り組むとき、その時点で考えられる自分の仮の解決策を考えるのですが、漠然と考えるよりも仮説を置いて考えることによって、分析・調査の効率があがり、分析力が身に付くのです。

問題を見極め、解決する力のある人は、この仮説の立て方が上手な人であるといえます。

逆に問題解決のプロセスで仮説を設定できない場合は、自分の考えではなく他人の意見を参考にしただけだと思われても仕方ないのです。

仮説の立て方ですが、まずある問題にたいして自分でその原因や解決策について暫定的な意見や結論（これが仮説）を考えます。次にその仮説を証明するための主張をはっきりさせ、関連する情報を収集します。そして収集した情報を解釈し自分の主張をバックアップするのです。

「分解力」の基本プロセス

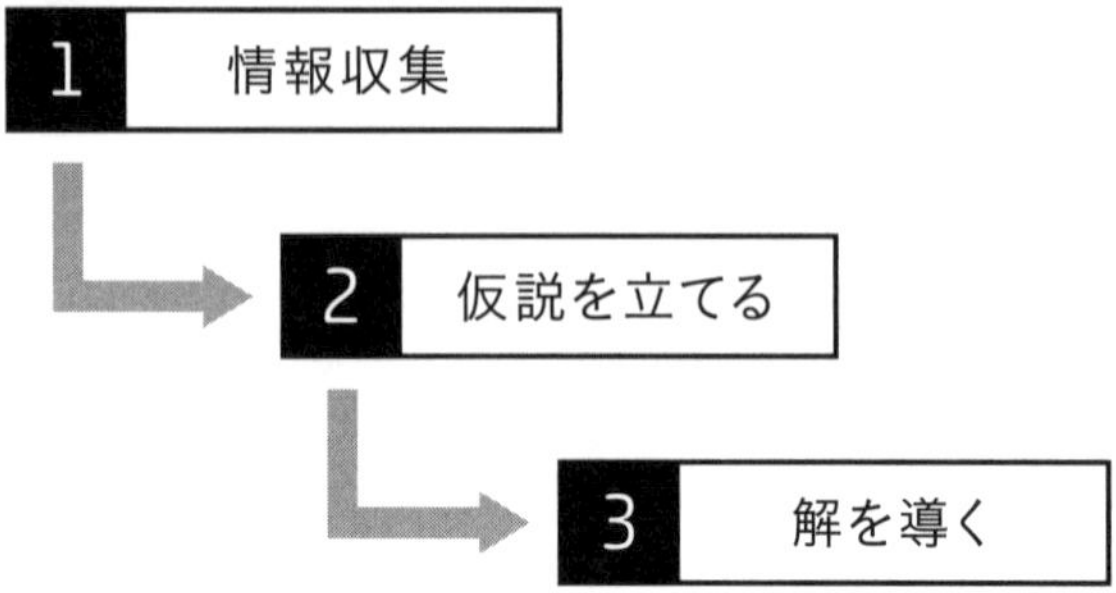

仮説を検証していると最後の段階になって、どうしても最初に立てた仮説を立証できないといった状況になることがあります。そうした場合、すべてのプロセスを全部やり直すのではなく、今度は逆に結論から仮説を導くようにすればいいのです。大切なのは上記で述べた仮説の設定プロセスに基づいて思考することです。

いくら仮説が大事であるといっても、やみくもに考えて、設定するのはかえって効率が悪くなってしまいます。良い仮説を立てるコツとしては、次の3つが大切です。

①新しくユニークなものにする（だれもが思いつくようなものでは関心が持たれない）

②目の前にある資料やデータにすぐに飛びつかないで、まずは自分で考える（特定のデータの範囲内のみで通用するにすぎなくなる）
③実用的な解決策につながる（実用性を持たないと無意味）

ＯＸＯＮの博士課程の大学院生は入学してから2年目に昇級試験を受け認められると論文執筆にＧＯサインがだされます。その頃には、世の中の教育課題に対して、ゼロベースで考え、自分なりの仮説を立て、解を導き出すようになります。

問題解決の優先順位をつける

問題解決に取り組む場合、ＯＸＯＮ人がよく使う口癖には「仮説を立てろ」の他にもう一つ「優先順位をつけろ」というのがあります。

世の中には解決を必要とする問題が同時にいくつも発生することが普通です。日頃から「優先順位をつけること」を繰り返すことで、論理的思考力、時間管理力、コミュニケーション能力を鍛える良い訓練になります。

ＧＥＳの見習い学生期間は「リサーチ方法論」が必須科目です。15名ぐらいの同期の学生が「セミナー」と呼ばれる授業に参加し、毎回同じ顔ぶれで学びます。古い木材の匂いがする落ち着いた雰囲気の教室、机はなく、肘掛けに小さな板がついた椅子に腰かけ、教師を囲むかのように半円の形で座ります。

イギリス、アメリカ、インド、中国、さまざまな国籍を持つ学生の中で私は唯一の日本の出身者でした。セミナーではまず担当する教授が教育学のリサーチに必要なさまざまな方法論や決まりごとについてレクチャーし、その後に各学生の個人発表に入ります。

ドイツの有名な一流大学を卒業し、数年教師を務めた後にGESに入ってきたトーマス。もともとは理数系の学生であったためか、彼の思考法には特徴がありました。学生の個別プレゼンテーションが終わった後10分ぐらいの質疑応答の時間が設けられているのですが、彼にコメントするときにはいつもクラスメートの間に一種の共通した期待が広がります。

「今発表されたいくつかの課題と解決策に優先順位を付けてください」

彼の思考では、特定のテーマの中にあまたある課題や解決策をただ提示されるだけでなく、それに優先順位をつけて説明することに重点が置かれているのです。

数ある問題が同時に発生した場合、どれから解決していくか、喫緊の課題となっているもの、そうでないもの、を順番に解決していくことはとても大切なことでしょう。

問題解決の優先順位設定マトリクス

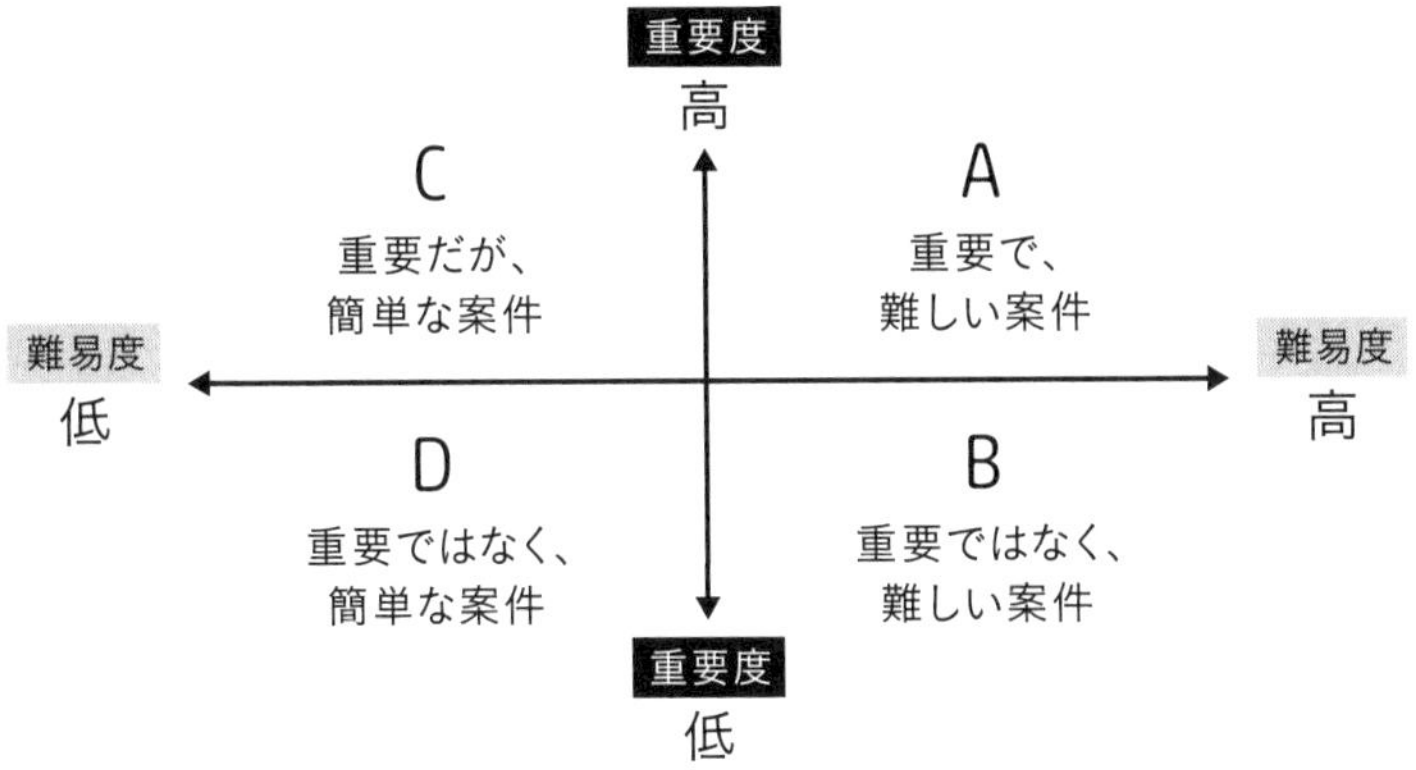

それでは問題解決の優先順位を付ける手順について説明します。

まず縦横2つの軸から構成される図を作成します。たとえば、縦軸を「重要度」とし、横軸を「難易度」とすると上のような図になります。

皆さんならABCDのどれから問題解決に着手しますか。

私ならまず、重要度が高く難易度の低いCを最初に解決すべきだと思います。そして次にA、そしてD、最後は難易度が高いが重要度の低いBを持ってきます。

日常で多くの仕事を抱えると、つい問題の本質を見極めるのを後回しにし、優先順位もつけないでやみくもに処理していく人は少なくありません。そういう習慣を持つ人たちには、次のような習慣を身に付けるよう教え込んでください。

- **まずは自分なりの解決策（仮説）を考える**
- **時間を決めて、いつまでに仕上げるのかを自分で決める**
- **重要かつ難易度の低い仕事から始める**
- **仕事に常に私情を挟まない**
- **全部一人でやり遂げられない場合は、チームで対策を考える**
- **完璧（パーフェクト）を目指さないこと**
- **忘れないためにシステム化（仕組み作り）する**

問題は、まず自分の中にあるか確かめる

26

ＯＸＯＮのカレッジや街中には至る所に教会があります。その中でもひときわ目を引くのが大学の中心部にあるセント・メアリ教会でしょう。13世紀に建設されたこの教会は、高さ62メートルで、尖塔まで上がればオックスフォードが一望できます。

私は時間があるとよく街中の教会に行きました。日本の教会と違って、英国では信者でなくても自由に教会に出入りすることができ、礼拝やミサ、コンサートなどの催しなどにも参加できるのです。

あるとき、セント・メアリ教会の掲示板に次のような聖句が書かれてあるのが目に入りました。

「なぜあなたは、兄弟の目の中のちりに目をつけるが、自分の目の中の梁《はり》には気がつかな

いのですか」

これは「新約聖書」のマタイ福音書7章4節に書かれている言葉です。この聖句が意味することは、「自分のことを棚にあげて他人の欠点や落ち度を非難する」「詳しい事情を知りもしないのに先走ったさばきをする」行為を戒める教えなのです。

「不確実性の回避」

家族、同僚、友人同士のような個人的な関係から、組織、社会、ひいては国家間におけるまで、人が集まるところでは常に何かしらの問題が生じてしまいます。

コミュニケーションの理論に「**不確実性の回避**」というものがありますが、それは人が、不確かなものや状況（不確実性）、または未知の状況に対して脅威や不安を感じる程度のことを意味し、国や文化によって強い弱いがあるとされています。

また、ある人の周りで何か問題（不確実な出来事）が起きて、もしそれが自分自身に直接関係する場合、人は問題の原因を自分自身ではなく周辺環境に求めようとします。

それとは逆に、自分が当事者でない場合、問題の原因を周辺環境ではなく、人自身にあるとみなす傾向があるのです。これらを「**帰属理論**」といいます。

ある人が病気になった場合、自分の健康管理に落ち度があると思うのではなく、「昨日は寒かったから」「この国の空気がわるい」と思い、他の人の場合は健康管理を怠ったと考えるのです。

異文化コミュニケーション学者のホフステッドは「不確実性の回避」をはじめ、「個人主義と集団主義」「権力格差」「男らしさ・女らしさ」「長期志向と短期志向」「寛大と束縛」等の指標を使って国際的な文化の比較調査を実施しました。

調査結果によれば日本は不確実性の回避が強く、特に集団主義的な傾向も強い国に分類されています。

問題が起こったとき、他の人や周りのせいにするのではなく、まず自分自身に原因がないのか、よく確かめる必要があるのです。

「スキーマ」の落とし穴

心理学では、人は何らかの新しい経験をする際に、過去の経験に基づいて理解したり、未来予測をしたりする認知的な習性があるとされています。これは**スキーマ**と呼ばれます。

過去の経験自体が、人が生まれ育った国や文化、また地域や家庭環境などさまざまな要因によって影響を受けているため、異文化を持つ人々とコミュニケーションする際に誤解をまねく原因になると言われています。

さて、日本で生まれ育った人が、海外留学や赴任で、イギリスで生活を送っていると想定して下さい。この日本人が英国人に次のように話しました。

「雨が降った日に傘を持って出るのを忘れました。体調を崩しました」

もし日本人同士の会話なら、この話し手が「雨に濡れて体調を崩したのだ」と、すぐに思うでしょう。果たして、英国人が聞いた場合も同じように考えると思われますか。

イギリスはヨーロッパ大陸諸国と比べ、天気や気候が「最悪」と言われるほどです。特に秋の暮れから冬明けにかけて、太陽をほとんど見ることがないぐらい毎日雨や曇りが続きます。私もOXON生活で最初に悩まされたのがイギリスの天気でした。特に冬場は日照時間が短く午後3時ぐらいから日が暮れだします。天気予報を見ると同じ日に晴・雨・曇・雪のマークが一緒に出ていることもありました。

晴れていても突然雨が降り出すことが頻繁にあるため、イギリス人は雨が降っても傘をささない人が沢山います。特に若者は傘をささず、帽子やコートなどを身に付けています。こうしてみるとイギリス人は日本人のように「雨の日に傘を忘れた」ことが「体調を崩した」こととすぐに結びつかないのです。

このように、私たちは生まれ育った文化で経験したこと、また習慣になっていたことが、無意識の内にものの見方や考え方に反映されているということに気が付かなければなりません。また会話の相手も同じくスキーマを持っているので、それを理解することも大切でしょう。

曖昧な表現や指示は混乱のもと

「なるべく早く仕上げてください」

「もう少しスムーズな感じがいい」

「誠意をもって対応して……」

この3つの指示に共通していることは、いずれも表現が曖昧で、具体的にどのように行動すればいいのか分かりづらい点です。

「冷たいビールを陶器のグラスにそそぎました。それは私のお気に入りです」

上の文で「それ」は何を指すでしょうか。

「冷たいビール」ですか、「陶器のグラス」？　それとも「陶器のグラスに入ったビール」ですか。3通りの解釈が可能ですね。中でも「グラス」という言葉は、「それ」という言葉に近い位置にあることから選ばれやすいそうです。

このように「これ」「あれ」「それ」を多用した会話なども同様に、話し手の意図がはっきりと伝わらない場合があります。

特に話し手が優秀な上司で、感覚的な言葉で指示をするような場合は要注意です。日本人同士の会話であったとしても混乱してしまいますので、相手が外国人の場合はなおさらのことです。

部下に指示をするときには、抽象的な表現ではなく、できるだけ具体的な言葉を使う必要があります。


「なるべく早く」は「3日後の午前10時までに」

「スムーズな感じ」は「絹のようなさわり心地」

「誠意をもって」は「両手で書類を手渡す」


など明確な表現を心がけましょう。

27

論理の〝ごまかし〟を見破る帰納法と演繹法

「So what?」「Why so?」を意識して考える習慣

本著ではOXONで実施されているチュートリアルのエピソードを何度も取り上げています。テレビでもおなじみのサンデル教授の「白熱教室」の講義を教師と学生による一対一でするようなものでしょう。

OXONの教授がチュートリアルの際に口癖のように投げかける言葉があります。「**So What**」と「**So Why**」の2つです。この2つのフレーズは、次のような受け答えの際に使われます。

「So What」

すでに持っている知識や情報から導き出せる結論を探し出す思考力。「だからなに?」と問いただすことによって、「○○だから△△です」と答えるパターン（「○○が知識や情報で△△が導き出された結論）。

「So Why」

「So What?」から導き出した結論に対して、根拠がはっきりした理由付けであることを確認する思考力。「本当にそうなのか」との質問に、「□□だから本当に☆☆です」と答える感覚です（□□が根拠、☆☆が結論にあたる）。

左の図を見ながら、教員と学生のやり取りを例にして、説明しましょう。

［例1］

学生：うちのラグビーチームは、昨日の試合でも、一昨日の試合でも勝てませんでした

（＝理由）

教員：だから、何ですか？

学生：だから、そのチームは弱いと思います（＝考えたこと）

論理思考マップ

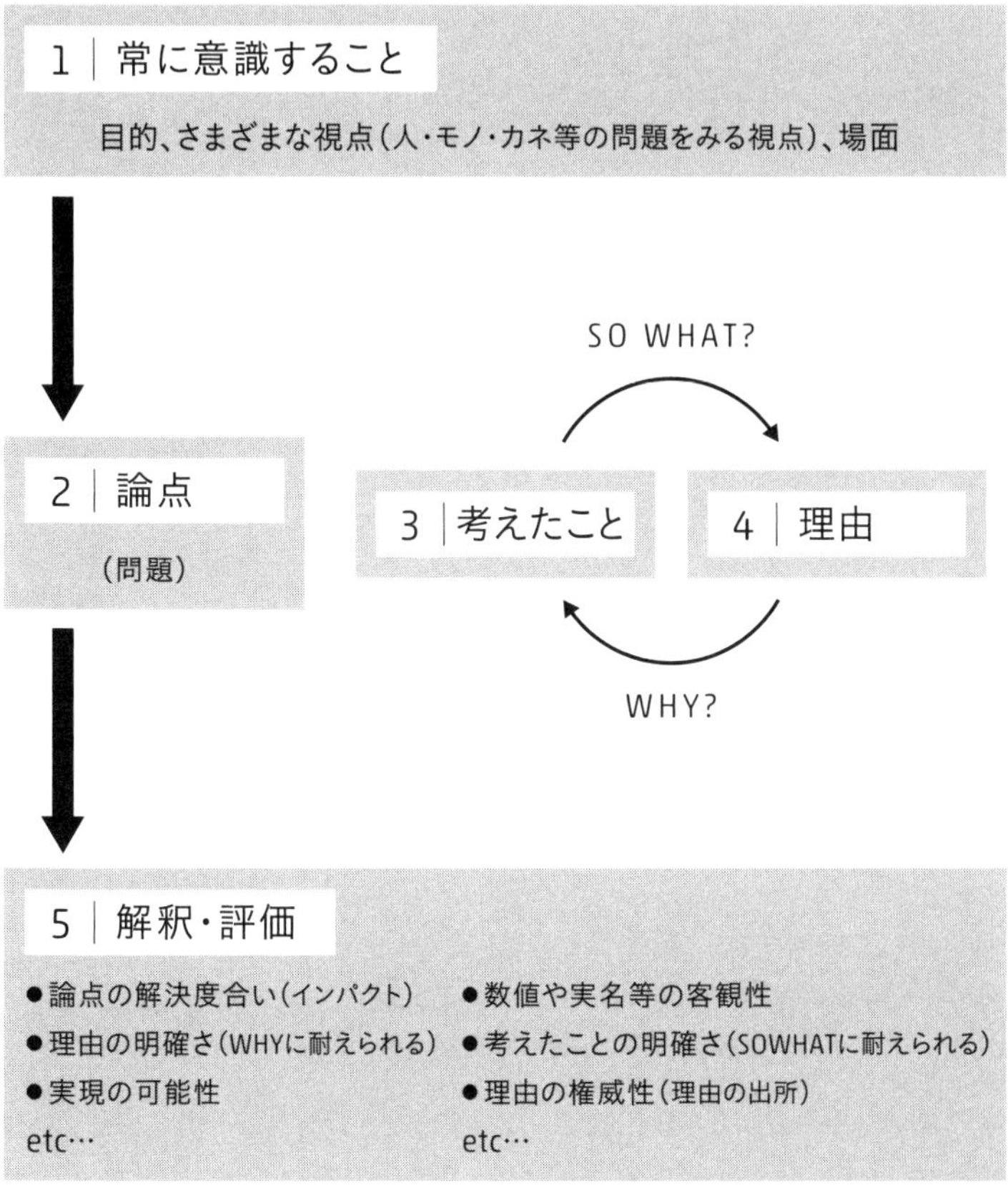
1 常に意識すること
目的、さまざまな視点（人・モノ・カネ等の問題をみる視点）、場面
2 論点
（問題）
SO WHAT?
3 考えたこと
4 理由
WHY?
5 解釈・評価
●論点の解決度合い（インパクト）
●理由の明確さ（WHYに耐えられる）
●実現の可能性
etc…
●数値や実名等の客観性
●考えたことの明確さ（SOWHATに耐えられる）
●理由の権威性（理由の出所）
etc…

［例2］

学生：うちのラグビーチームは弱いです（＝考えたこと）

教員：なぜ、そう思うのですか？

学生：昨日の試合でも、一昨日の試合でも勝てなかったからです（＝理由）

例1では、対象となっている論点に関係あることを複数挙げていきます。176ページの例では、「昨日の試合で勝てなかったこと」「一昨日の試合で勝てなかったこと」がそれに当たります。学生は、複数の試合で負けたことを理由として、「チームは弱い」という結論を考え出しています。

このように、多くの個別の情報から、一般的な結論を引き出す思考法を「**帰納法**」といいます。言い換えれば、現在持っている情報から導き出せる結論を見つける作業ということになります。

これに対して、［例2］では、「チームは弱い」という結論を考え出す際に、「昨日の試合で勝てなかったこと」「一昨日の試合で勝てなかったこと」を理由として挙げています。

一般的な結論が先にあり、それを個別の場面に当てはめていく思考法を「**演繹法**」と呼びます。こちらは言い換えるなら、So what? という問いに対して出した結論に、納得できる理由付けがされていることを確認する作業になります。

たくさんの個別データに対しては「So what?」を、一般的な結論に対しては「Why so?」と問いただすことで、出された個別のデータに基づいて、相手が何を言いたいのか、あるいは、相手が言っていることは、きちんとしたデータに裏付けられているのかを明確にします。こうして、論理的な整合性を確認していきます。

出されたデータが具体的かどうかをチェックする。誰にでも、どこにでもあるような一般論だけでは、人は動かせない。また、誤ったデータや限られた範囲のデータのみに基づいて考えを進めても意味がない。

個別の理由やデータは具体性、そこから導き出す結論は一般性・汎用性が重要です。

修飾語をつけてごまかしていないか、具体的には不必要な形容詞・副詞がないかをチェックする。無意味な修飾語がなければ説明できないということは、問題が解けていないに等しい。

私たちは、無意識のうちに、そしてかなり曖昧に、上記のような思考法を使っています。このプロセスを明確にして、意識的に物事を考える習慣を身に付ければ、論理的思考が養われ、簡単には崩れない根拠に支えられた強固なアイデアが生まれてきます。何度も繰り返し、プロセスを身に付けて論理的思考の習得に役立ててください。

28 手垢のついていない新鮮な情報に触れる

問題を発見し、適切な解決方法を見つけるためには、インターネットの情報に頼りすぎることは危険です（詳しくは185ページからでも述べます）。

無駄な情報に拘泥することなく、問題点を的確に認識して解決策にたどり着くために本当に必要な情報を見つけ出すためには、情報提供をしている人の性格や主張があまり反映されていない「新鮮」な情報を手に入れ、読み解く力が必要になってきます。

「新鮮な情報」……一次資料を収集し読み解く力

分野を問わず学術論文を書く際には先行研究を参考にすることはもちろんのことです。

私も博士論文を執筆するまでに数えきれない量の本や論文を読みました。ですが、一般に優れた論文というのは先行文献や論文の参照だけでは十分ではないのです。

専門分野によって分け方が違いますが、論文やレポートを書く際には概ね次の3つのタイプの資料を使います。

一次資料：原典やオリジナルな資料（政策、議事録、統計、調査、データ等）

二次資料：一次資料に基づいて書かれたもの（著書、論文等）

三次資料：一次・二次以外の資料（新聞、パンフレット、書誌等、その他印刷物）

質の高いとされる論文は主に一次資料を多く使い、正確かつ多角的な分析がなされ、独自の見解を導き出したものとされます。

OXON時代、私は論文を書くためにこの第一資料を集め、分析する必要性がありました。オックスフォード駅の近くにあるナフィールド・カレッジには戦前から近年までにわたる英国議会の議事録が保管されていたため頻繁に足を運びました。

一般の図書館中に所蔵されている本や論文などはコンピューターシステムで管理されているため検索や貸し出しが容易にできますが、こうした一次資料そのものを見つけだし、その中に書かれている必要関連部分を探りあてるには相当の時間がかかりました。朝の9時の開館時間に入り、帰宅するのは閉館時間ギリギリであったこともざらでした。ロンドンにある大英図書館などを使用する場合は泊まりがけでした。

人気《ひとけ》のない、薄暗いカレッジの保管庫の床に座り込み、何冊もの議事録を調べ、書き写しては自宅で分析する、この作業の繰り返しによって「新鮮」な情報を収集し、読み解く習慣がつきました。

「新鮮な情報」を手に入れるコツ

今ではインターネットを使えば、ほとんどの情報が手に入る社会になりましたが、次のような場合はどうでしょうか。

就職活動をしている学生は、志望するA社の採用担当者が、「具体的にどういった人材を求めているのか」「これまでどのような人を採用したのか」など、企業内部の詳しい情報まではさすがにネット上で入手できません。

このようにさまざまなメディアから得ることが困難と思われる「新鮮な情報」はどのようにすれば手に入るのでしょうか。

①先人のアドバイスに耳を傾ける

上記の就活中の学生のように、知りたいと思う生の情報は同じような経験をたどった先輩がいれば、必ず知恵として持っています。仕事でも私生活でも、あなたより経験が豊富な先輩がいれば、その人に対しては常に謙虚な姿勢で耳を傾けるようにするべきです。

年上の先輩の言うことは、自分よりだいぶ古い世代の考え方だからあまり参考にできないのではないか、とはじめから疑いたくなる気持ちは分かります。しかし日常、ビジネスともにその基本や常識の大部分は、数十年という時間を経て変わるものもありますし、ほとんど変わらないものも多くあります。大事なのは折角身近に貴重な参考例があるからには、それを活用しないのはもったいないということです。

②本当に信頼の置ける友人関係をつくる

「新鮮」で「役に立つ」情報を持つ友人が自分の周りにどれくらいいるのかが重要です。

私にはOXON時代から繋がっている特に親しくしている英国人の友人が2人います。博士課程の同期生で、専門分野やカレッジは違っているのですが「教育」が私たちに共通した研究テーマということもあり、よく3人で議論をしたり、パブでビールを飲んだりしていました。先ほどOXONで一次資料を収集する話をしたのですが、そのときもこの友人たちが情報を持っていたため、比較的早く必要な資料にアクセスできたのです。

言うまでもなく信頼のおける友人との付き合いは生涯に渡って宝となります。友人との信頼が深ければ深いほど、自分が困ったとき親身に問題を一緒に考え、また有効な知恵や情報があれば提供してくれるはずです。

③一貫性・方向性のある人脈づくりをする

日頃から広い人脈を作るための時間を惜しまないことでしょう。友人関係を広げようとさまざまな場（勉強会、異業種交流会、パーティー等）に積極的に顔を出すべきです。

OXONの日本人は大学を卒業した後もOBネットワークに参加します。定期的に交流会や勉強会などが企画され活発に交流しています。

日頃特定の業界や組織に属して生活や仕事をしていくとどうしても視野が狭くなってしまいます。仲間同士の狭いコミュニティーから一歩踏み出して、さまざまな人が集う環境に身を置くことです。立場や世代、価値観が違う人と出会い、コミュニケーションを取り合うことで信頼関係を築き、その中で有意義な情報交換が始まるのです。

「情報の罠」に陥らない方法

29

一昔前では想像もできないことでしたが、大学で教えていると授業中に iPad などを使ってすぐに情報検索したり、メモとして使用したりする学生を目にします。授業終了後に板書したものを写真にして記録している者もいるぐらいです。

私の大学時代は、せいぜい語学の授業で電子辞書を使うぐらいでしたので、時代は変わったと痛感しています。

誰もがアクセスできる情報は信頼性が薄い

スマートフォンや iPad、電子書籍などの技術の発達により、膨大な量の情報に、いつでも、どこでもアクセスでき、分からないことがあれば、その場ですぐに調べられるようになっています。

ですが、インターネット上の情報は、書籍やテレビ、ラジオなどの他の媒体にはないマイナスの側面があります。それは、出版社や放送局によってチェックされることなく、誰もが自由に発信できることです。インターネット上の掲示板や個人のブログでは、気になる飲食店の口コミ、世の中を騒がせているニュースに対するコメントなど、「普通の人」から見たさまざまな素朴な感想を知ることができます。

私たちは、膨大な量の情報を一瞬にして手に入れることができますが、得られる情報は、まさに玉石混淆です。「誰でも自由に発信できる」ことは、裏返せば、「正確さが保障されていない」ということです。匿名であることを利用して、意図的に偽の情報を発信する悪意のあるケースもみられます。

「氷山の一角」で判断しない

また、一人の人間で特定の問題を多角的な視点から分析して情報を発信するのは限界があります。伝えられている情報のほとんどは、複雑な現象全体像の「氷山の一角」でしかありません。

発信者に悪意がなくても、一部を強調して伝えた結果、受け取った側は、事実と違う理解をすることがあります。例を挙げて考えてみましょう。

Q. 次の特徴を持っている物は何でしょうか?

(1) 白色の粉末である
(2) 有害な元素を含んでいる
(3) 加熱すると透明になる
(4) 物を腐食させる
(5) 大量に摂取し続けると死亡する怖れがある

問題を一読すると大半の人が「麻薬」か、何か非合法な物質を思い浮かべたのではないでしょうか。

実は答えはただの「塩」です。ヒントの(1)〜(5)は次のように説明がつきます。

(1) 常温では白色の固体で、粉末のものが多い

(2) NaCl（化学的には塩化ナトリウム。ナトリウムと塩素から成る。塩素自体は人体に有害である）
(3) 約800℃まで加熱すると、無色透明の液体になる
(4) 金属を腐食させる（錆びさせる）
(5) 過剰摂取すると高血圧になり、脳卒中や心疾患につながる

初めから食品だと推測できたでしょうか。仮にヒント(1)や(2)、(3)だけを示されたら、食品だと推測することは、一層難しいでしょう。

上の例では、わざと、塩だと想像し難いようなヒントを出しましたが、(1)〜(5)のいずれも、誤りではありません。

必要な情報を選ぶためには

インターネットで情報収集することが当たり前になっている現代において、信頼性の高い情報を収集するにはどのようにすればいいのでしょうか。

①一つの物事について、複数の情報源から情報を得る

インターネットで調べ物をするときには、書き手が異なる複数のサイトから情報を集めましょう。同じことについて、全く違う内容の情報が手に入ったときには、その情報の扱いには特に注意しましょう。書き手の意図やスタンスが偏っている場合があるためです。

インターネットだけではなくテレビや新聞など情報源をできるだけ増やすことです。

私の場合はまず新聞から情報を得るようにしています。特にメジャーな新聞は最低2社を読み比べていますし、信頼ある海外メディアの情報も併せて判断しています。

②「暗黙の了解」を前提としない

上記の問題のヒント(3)に書かれている「加熱すると透明になる」を見て、まさか800℃まで加熱して液体にすると考えた人は少ないのではないでしょうか。ヒントの中では、温度には一言も触れられていません。多くの人は、無意識の内に「常識」の枠内で考えようとします。世の中にはヒント(3)のように、「常識」を利用して、真実とは異なる理解をさせるような情報が少なくありません。言葉の一つ一つに注意して気づかないうちに、ものの捉え方や解釈にバイアスをかけていないか自問することが必要です。

③成功談よりも失敗談から学ぶ

どの分野でも、成功した人のストーリーは魅力的で参考になるものです。

人間の記憶はそもそも「創られるもの」であって、特に苦い経験や記憶などは、楽しい記憶に比べ「忘れさりたい」という無意識の心理が働くため忘却されやすいのです。

しかし、このことは裏を返せば、その人の記憶に強く残っている失敗談こそインパクトがあり、信頼性があると私は考えます。

OXONを卒業した者には成功を収めた人が多数いると思われがちですが、実際にはすべての卒業生が羨むような成功をしているはずがありません。私も何人かの卒業生と話をしたことがありますが、それ相当の苦労を重ね、今でも努力し続けているというようなエピソードを耳にすることがあります。

聞くに堪えないようなエピソードもありますが、そうしたエピソードの中には人生訓のように学ぶことがあるのは確かです。

不謹慎であると思われてしまうかもしれませんが、不思議なことに成功談を聞いているときよりも、話に引き込まれる場合があるのです。暗いエピソードなのに思わず聞いてしまうのは、彼らの話し方が上手いからでしょう。

ピアノやバイオリンはだれもが同じ楽譜を使用します。しかし弾く人によってまったく違うように感じます。

情報化が進む現代社会では、求める情報を膨大かつ瞬時に手に入れられるようになりました。特にインターネットの情報は鵜呑《うの》みにせず、分解力を駆使して正確度の高いものを選びとる技能が必要となっているのです。

Chapter 5

Summary

◆仮説を立て、哲学を持ち、正解のない問題を見極める

◆問題解決に優先順位を付ける

◆問題が起きたらまず自分に原因がないかを確める

◆納得しにくい論理は「だから」と「なぜ」で突き詰める

◆情報は原典に当たるクセをつける

◆物事を一面だけでは判断しない

Chapter

6

慣例や予定調和を打破する「冒険力」

The proof of the pudding is in the eating.

30 内向き志向の対極にある「冒険力」

近年あらゆるメディアを通じて、「日本人の内向き志向」が報道されています。海外留学を希望しない学生や海外赴任を望まない社会人が増加傾向にあり、このままではグローバルな社会で活躍する人材が不足し、ひいては日本の将来に悪影響が及ぶのではないかと予測されています。

日本人はなぜ、「内向き」なのか

日本人が海外に出なくなっている状況に対してはさまざまな異論もあるのですが、たとえば、米国に留学する日本人学生数が年々減少傾向にあること、一方で隣国の中国や韓国では右肩上がりに伸び続けていることが信頼できる調査やデータで示されているのです。

では、なぜ日本人は「内向き志向」になってしまったのでしょうか。

政府、官庁、研究者、民間組織などがその原因を分析しているのですが、主な原因としては、就職や将来のキャリア形成に不利になる、インターネットなど通信手段の発達によりわざわざ海外に行かなくても容易に情報収集や連絡が可能となったこと、国際情勢の不安定化、日本国内でのサービス満足度が高い、などが指摘されています。

「トラベル（旅）」に苦痛はつきもの

現在「旅」というと観光やレジャーがイメージされますね。

英語の「トラベル（Travel：旅）」の語源はフランス語の「トラバーユ（Travail）」であると言われています。「トラバーユ」と聞くと転職を紹介する雑誌の名前が思い浮かぶのですが、もともとの意味は「労苦、骨折り」、そして「労働、仕事、女性にとっての陣痛」などを意味します。また、英語の「トラブル（Trouble：困難・難儀・迷惑など）」も同じ系列の言葉です。

トラベルの語源からも分かるように、昔の人は「旅」はそもそも「苦労」や「困難」が伴って当然だ、と考えていたのでしょう。

言葉を換えれば困難や苦労がない「旅」や「冒険」は、本質を欠いているものなのでしょう。

ですので、冒険や旅先の困難は当たり前だと割り切ってください。

3つの「間」を冒険に活かす

冒険には3つの「間」、すなわち「時間」「空間」「仲間」が必要です。

冒険する「時間」をつくりだし、どこの「空間」に行くのかを考え、そして一緒に行動してくれる「仲間」がいれば何も恐れることはないでしょう。

「冒険」は自分の意志にかかわらず、仕事などで「向こうからやってくる」ことがあります。OXONのビジネススクール卒の友人から聞いた話です。

その友人は、米国出張で顧客訪問のアポ取りに失敗し、アパラチア山脈を挟んだライバル関係にある2つの会社を訪問しなくてはならなくなりました。

A社は前の晩に会食、B社は翌日の8時半のアポです。彼によれば、会食に疲れ果てたまま深夜6〜7時間のアパラチア山脈越えをし、モーテルでシャワーを浴びるだけの短時間チェックインアウト、その後太陽が黄色く見える中、レストランで朝食をとったことを今でも鮮明に覚えているとのことです。

幸い無事出張を終えることができたとのことですが、こういうときは「なんとかなる」と腹をくくって「冒険」を楽しもうと思ったそうです。

毎日ルーティーンな生活を送っていると思考がマンネリ化してしまい、新しい発想が湧かなくなり、思い切った行動がとれなくなってしまいます。

「マンネリ化」は冒険とは反対に位置する言葉かもしれません。そこで日常生活でも簡単にできる「ライト」な冒険をすることをお薦めします。

「冒険」とはある意味「実験」と言い換えることができるのではないでしょうか。

心の持ち方をちょっと変えるだけで、日々の生活の中で新しい発見や体験をすることができ、それが勉強やビジネスに必要とされる思考力や創造力に刺激を与えるのです。

31

「ポジティブ郷」に入れ！

ＯＸＯＮの文化やそれを取り巻く街全体には、一種独特の雰囲気があります。中世風の建造物、ガウンを身にまとう教授や学生、時の音を告げる鐘の音、すべてが日本の日常とかけ離れています。

そんな場所にほとんど前準備なしに飛び込んだ私は、実際に留学当初の半年で心身ともに落ち込みました。今思えばＯＸＯＮの持つ特殊な環境に適応できなかったのでしょう。特に、厳しい学業生活、毎日刻々と変化する天気や冬場の日照時間の短さ、英国の食事の合わなさにはだいぶこたえました。「こんな状態が長続きするようなら、もう勉強どころのはなしではない」、と思い詰めるまでになりました。

そんなある日、授業の休み時間に普段はあまり接することのないクラスメートのグループに何気なく入ってみました。そのグループは英国人だけではなく、スペインやポルトガルなどのラテン文化諸国からの学生、また発展途上国からの学生がいました。

彼らの会話を聞いていると、「昨日レポートが進まないので、ワインを一本空けて眠ったよ！」や「今週末にパーティーをやらない？」などとても陽気な話題で盛り上がっていました。またアフリカや中東の発展途上国から来ている学生は、「自分たちの国では教育制度が未発達だから、私が将来母国の文部大臣になって改革するんだ！」「英国の天気は酷いけど、自分の国の暑さに比べたらまだましなほう」など笑いながら話しています。

私は肩の力が抜けました。自分だけがOXONの環境に不適応な人間であると思い込んでいたのでしょう。皆といることで次第に心に余裕が出てきて、前向きな自分を取り戻すことができたのです。

「ポジティブ郷」を探し出し入り込む

家庭、学校、会社であれ必ずその中には雰囲気が明るくて考え方が前向きなグループがあると思います。そのようなグループに身を置いていると、自然に元気が湧いてきて「よしやってやろうじゃないか」という気持ちになります。私はこのような集団を「ポジティブ郷《ごう》」と名付けています。「ポジティブ郷」は次のような特徴があります。

- **オープンで来る者拒まずである**
- **話し声が大きく笑顔が絶えない**
- **考え方が前向きで将来に明確なビジョンがある**
- **エネルギッシュで行動力がある**
- **他者の悪口や愚痴を言わない**

では、こうした集団を見つけ、とけ込むためにはどのようにすればいいのでしょうか。まずはよく動き回って周囲を観察することです。ただ一人で考え込んだり、机の前に座ったりしていては「ポジティブ郷」を探し出すことはできません。所属する組織だけではなく、趣味の世界や自治体活動にも参加してみてください。

「ポジティブ郷」を発見したとしましょう。次にその中にどのように入りこみ、振る舞ったらいいのかを考えてしまいますね。

私は東京外国語大学で留学生と日本人学生が一緒の教室で学ぶ授業を担当しています。教室で使用する言語は英語です。ハキハキと発言し、何にでも積極的な姿勢の留学生と比べると、日本人学生はとてもおとなしい印象があります。

こうした授業を初めて受ける日本人学生は、最初の数回の授業はほとんど何もできません。ですが、留学生と一緒にいるだけで、彼らの話し方、発言のタイミング、ユニークな意見などを学び、最終的に同じように行動していきます。

よって「ポジティブ郷」にとけ込むためには以下のことが大切でしょう。

・集団に身を置くことから
無理に会話に入り込もうとはせず、ただその場にいることからはじめましょう。同じ場を共有することだけで次第になじんできます。

・自分と他者の比較をやめる
集団の中で自信を持ったり失ったりするのは、自分と他者を比較しているからです。自分らしく自然に振る舞ってください。

・共通する話題を見つける
仕事の内容、研究テーマ、趣味など、自分の得意とする話題に入る。

・**成功2：失敗1で考える**

ポジティブなグループに入ることができたのかどうか、成功と失敗が2：1の割合くらいでイメージするとよいでしょう。

ネガティブな集団に入ってしまったら

実社会ではすべてのグループが「ポジティブ郷」であるとは限りませんし、正反対なグループもあると思います。ネガティブな考え方を持つ傾向にある組織や集団にいると、自分まで暗い気分になってしまいます。

もしそのような集団に入らざるを得なくなった場合には、他者の言動を気にせず自信をつけるような努力をしましょう。たとえば、目一杯仕事に取り組む、誰よりも早く出社する、自分が率先して皆が嫌がる仕事をするなどが効果的です。

本章でとり上げている「冒険力」ですが、一人では冒険することが怖い、不安だと思いがちですが、勇気を与えてくれる「ポジティブ郷」の仲間たちとなら一緒に思い切って実行できると思います。もし、「ポジティブ郷なんてどこにもない」と思ってしまうなら、あなた自身がそうしたグループを作りだしてみてはどうでしょうか。

心と体を整えて不安を取り除く

32

「自己効力感」を持つことが大切

今思えば、OXONへの入学が決まり、まだ行ったことのない英国に留学すること自体も一種の冒険でした。これまで学んできた知識、英語力、そして超一流のOXONの学業についていけるのか、不安で一杯でした。

最終的に私はOXONへの留学を選んだのですが、それを決意させた力があるとするなら、それは「自己効力感」というものでした。

カナダの心理学者、アルバート・バンデュラ博士は、人の無意識の中にある苦手意識や不安を取り去る方法があると説いています。バンデュラ博士によれば次の3つの方法によって「自己効力感」を作り出すことができるそうです。

①代理体験をする

自分の直接の成功体験ではなく、他の人の成功体験を見たり聞いたりすることによって、「自分でもできるのではないか」と思うようになるのです。

私の場合は、OXON留学前に、日本人の卒業生の方の経験談を聞いたり、英国の映画をたくさん観ることによって自信が湧きました。

②人からの励ましや格言にふれる

OXON留学を決断したときは、両親の言葉が強い励みになりました。「一度しかない人生だからおまえの好きなようにしなさい」「多くの人がやらないことをやりなさい」、また妻の「たとえ失敗しても、なんとかなる」といった言葉には本当に勇気付けられました。

また、先人の言葉や格言なども役に立つでしょう。たとえば、ヘレン・ケラーの「人生は危険に満ちた冒険か無の二択」という言葉は心に響きました。今でも何かを決断する際の座右の銘になっています。

③心と体を変化させる

ＯＸＯＮ留学という大きな目標に挑戦し、成功することは容易ではありません。ですので、まずは身近にできる小さな成功体験を重ねることによって自信をつけました。

当時私は米国留学から帰国して間もない頃で、食生活の乱れが原因でかなり太っていました。ですので、一定の期間内にかならず何キロかダイエットするといった目標を立て、もし達成することができれば、「英国製の細めのスーツを着るぞ！」、と決めて実行しました。次の食生活を3ヶ月続けるだけで4キロ近く体重が落ちました。

・食事は1日3回、規則正しく食べる
・特に朝食はしっかりと、夜10時以降は食べない
・ゆっくりとかんで食べる
・低脂肪、高たんぱくの食品を選ぶ
・動物性よりも、植物性脂質を中心にする
・野菜、きのこ、海藻類を積極的にとる

・味つけは塩分を控え薄味にする

また40歳以降は次のこともしています。

・休肝日（お酒を飲まない日）は最低週に2回は設ける
・甘いものは回数を決めてご褒美感覚で食べる

太らないためには、食べ過ぎ飲み過ぎによるエネルギーの過剰な摂取を控えることが最も大切なのです。

④「Say（言ってみる）Start（はじめてみる）Stay（居続ける）」

以上のように、いきなり大きな目標に挑戦するのではなく、小さな成功経験を段階的に積み重ね、自分の「勝ちパターン」を作ることが大切です。

その時々に「成功した理由」を具体的にノートなどに書き出し、パターン化することを繰り返すことによって自然と自信とモチベーションが得られやすくなるでしょう。

こうした方法は子どもたち、学生、部下の「冒険力」を高める参考になるでしょう。

ＯＸＯＮで学ぶということは、余程の天才や経済的な制約を全く気にしなくてもいい人以外には、間違いなく人生における一種の「冒険」をするようなものです。

そしてＯＸＯＮ人にはこの冒険に踏み切るために必要な3つの「Ｓ」が備わっていると思います。

それは「Say（言ってみる）Start（はじめてみる）Stay（居続ける）」です。

まず自分でやろうと思うことを、自分自身と周りの人に「Say（言う）」ことです。自分にプレッシャーをかけ、また周りの人から励まされることにより勇気が湧いてきます。

そしてすぐに「Start（はじめる）」ことが肝心です。思い立ってすぐに行動しなければ、情熱がさめてしまうからです。

最後は、たどり着いた場所に「Stay（居る）」姿勢が大切です。旅であれ、転職であれ、引っ越しであれ、親しみのない環境におかれると、不安や恐れから逃げ出したくなることもあるでしょう。人には置かれた環境に無意識に適応しようとする力があると言われています。焦らず、いらだたず、環境になれてくるまでのんびり構えて居続けることが大切です。

33 冒険は毎日の簡単な「実験」から

便利さや効率、手軽さに慣れ親しんで生活がパターン化してしまうことは、思考力の低下を招き、新しいことを始める気力が低下し、思い切った行動がとりにくくなってしまいがちです。

そんなとき、日常生活の中で簡単にできる次のような「冒険」をしました。そのいくつかを紹介したいと思います。

通勤・通学のパターンを変える

会社勤めや通学など、私たちは毎日、同じ道や経路を使います。おそらく一番近く早く、行き帰ることのできる道を使っていますね。そうなってくると、実はマンネリ化の罠に嵌《はま》ってしまいます。この、変化を感じにくい状態を抜け出すために、実験をしてみましょう。

簡単な方法の一つとして通勤・通学ルートを変えてみましょう。

OXON時代、私は家から教室のある建物まで毎朝歩いて通いました。するとどうしても一番近道を選んでしまいます。

ある日、ふと「今日は別の道から行ってみようかな」という気持ちになり、そうすることにしました。するとどうでしょう。その道には見たことのない素敵なカフェや物珍しい雑貨屋がありました。身近な範囲だったにもかかわらず、これまで足を運んでなかったことがもったいなかったと思いました。いつもの通勤・通学路を少し変えてみる、こんな些細なことだけで発見があります。

未知の食べ物に挑戦

外国には日本でよく知られていない食べ物や飲み物が多々あります。英国で有名な食べ物には、フィッシュ&チップス、ロースト・ビーフ、ベークドポテトをはじめ、ジャムやバターをつけて食べる素朴な味のスコーンといったお菓子があります。またスコットランドではハギッシュという珍しい料理を食べた経験があります。

「ゲームミート」という言葉は日本人にはあまりなじみがないかと思いますが、狩猟による鳥獣肉のことで、最近では「ジビエ」などと呼ばれています。カモやキジ、ウサギやシカなど古来より狩猟民族であった西洋人の食文化には欠かせないものです。

OXONの学生はカレッジのダイニング・ホールで食事をします。室内にはハイ・テーブルがあり、教授の座席が学生のより一段高くなっていることからこう呼ばれています。旬の季節になるとそういった「ゲームミート」が献立に登場することがありました。

キジやウサギ肉のソテーなどは日本ではふつうよほどのことがない限り口にすることはないと思います。最初はかなり抵抗があったのですが、食べているうちに野性味溢れる肉の旨さが分かるようになりました。

ビールも日本で主流の炭酸が強いラガービールだけではなく、炭酸の弱い常温に近いビタービールもよく飲まれます。また英国はウイスキーも実に種類が豊富です。私は特にボウモア（BOWMORE）とラガブーリン（LAGAVULIN）が好きです。共に12年物を気に入っているのですが、上司へのお土産に喜ばれます。

未知の食べ物と飲み物、旨い不味いはともかくとして、それを食べるといった経験は、後の語り草となるので（この本のように！）、ぜひ挑戦してみてください。

身体を動かし五感を活性化させる

ありきたりの生活が続くと運動不足になり、体中の感覚が鈍くなってきます。適度な運動を心掛け、リフレッシュすることが必要でしょう。新しいスポーツや趣味をはじめてはどうでしょうか。

OXONには「パンティング」という舟遊びがあり、街中を流れる川で学生たちが勉強の息抜きに楽しむ光景をよく見かけます。3～4名程度が乗船し、1人の人が細長いボートの後方に長い棒を持って立ち、手で漕ぎながら動かします。見た目には簡単に見えるのですが、実際にやってみると結構操縦が難しいのです。

私も何度かパンティングをしたことがあります。最初は手だけで動かそうとして、上手くいかなかったのですが、回数を重ねていくうちに足腰で舵をとることがわかり少しは上手くなりました。

小さなサプライズ：「驚き」の感覚をみがく

人の感情を表す言葉として「喜怒哀楽」があります。喜び、怒り、哀しみ、楽しみ、この4つの感情は「喜び」から始まっています。私はこの「喜び」の中に「驚き」が隠されていると思っています。意味合いとしては、英語でいう「entertain」に近い感覚です。

人は想定外のことに直面すると驚きます。そこから喜ぶ・恐れるなどの感情に変わります。たとえ小さな驚きであっても、それが人の心に喜びを与え、マンネリ化を打破するきっかけになることもあるのです。

ある日、日頃仲良くしているカレッジの友人に呼び出されて、思いもよらない形で自分の誕生日を祝ってもらったことがあります。とても驚きました。またとても嬉しかったのを覚えています。

これまで「当たり前」のように接していた友人たちを別の見方でみるようになりました。自分のことを気にかけてくれているのだと。

ただ人を驚かすことは結構難しいものなのです。相手の性格を考慮しながら、どうやったら意外性があって驚いてもらえるのか。相手を驚かせること、それがちょっとしたこと

であっても、効果があるときがあります。たとえば、

・仕事の同僚に缶ジュース1本でもいいので、さりげなく差し入れをしてみる
・職場で出している緑茶を、紅茶にさりげなく変えてみる
・いつもはメールでやり取りしていたものを手紙にして送ってみる
・家事や育児を率先してやる

小さなサプライズはどこにでも作り出すことができます。そのときは相手への気遣いを形にできるかが大切です。

これはクリエイティビティが働く瞬間でもあります。相手の反応をすぐに確かめることもできるので、自身も喜びを得ることができましょう。

家族、部下、恋人、友達、嬉しいサプライズを考えてみてはどうでしょうか。

34

人生を後悔しないための「冒険」の心構え

人は先行きがはっきりしない行動を躊躇する生き物です。もし迷ってしまったり、大きな失敗をしたりしたらどうしよう、そういった考えが先に立ってしまうと、何かを始めたくても思い留まってしまいます。ですが後になってから、「やっぱりあの時にやっておけばよかった」など後悔することは誰にでもよくあることです。

程度にもよりますが、私は学生たちに対して「やらずに後悔する」よりは「やって失敗する」ことを勧めています。進路、留学、恋愛……、研究室にいると、さまざまな相談を抱えた学生がやってきます。最近の若者たちは何に対しても消極的で、ガッツがなく「草食系」などと揶揄《やゆ》されることもあります。

私たちも若い頃はそうであったと思いますが、その時にしかできないことがあると思います。何もアクションを起こさないで、その場をやり過ごすと「後悔」が残りますが、思い切ってやってみて失敗しても、少なくとも次につながる「経験」が得られるのです。

こうした失敗の経験が未来の大きな冒険の糧となることは言うまでもありません。

空想的冒険のすすめ

本章でも後ほど述べますが、私たちは日々時間や経済的な制約があるため、「冒険したい」と思ってもなかなか行動に移すことができません。いつでもどこでも、お金と時間の制約を受けることなく冒険ができるとすれば、どのようなものだと思われますか。あなたの中で冒険をする、そうです、「空想的冒険」を楽しむことです。

たとえば、イギリス観光に行きたいと思っても費用もかかるし、時間もないし、簡単に実現することはできません。そんなときは近くの図書館などに行って、イギリスの歴史本、美術辞典や旅行ガイドなどを手にとってみてください。

イギリスには至る所に考古学的遺跡や歴史的建造物が数多く存在しています。皆さんはイギリスを代表する古代遺跡の一つ、「ストーン・ヘッジ」をご存じでしょうか。

「こうした遺跡がいったい何の目的で作られたのか」「その時代の人々はどのような暮ら

しをしていたのか」、頭の中で空想力をフルに発揮することで、慌ただしい生活の中で一時の冒険が楽しめるでしょう。

「ライフイベント」は常に未来を意識する

皆さんは人生で重大な出来事はと問われ、何が思い浮かぶでしょうか。「大学受験」「就職」「結婚」「出産」「転職」など人にはそれぞれ人生の転機となるようなライフイベントがあります。若い人にとってはこうしたものが、未来にあってこれから経験するかもしれない、冒険のようなものでしょう。

一方、ある程度年齢を重ねた人に「あなたにとってのライフイベントは何ですか」と質問すると、その大半が「就職」「結婚」「転職」など過去に経験したことを挙げてしまうのではないでしょうか。

人は何歳になっても、その時々で未来に何らかの冒険的要素を持った出来事があると思います。私も壮年と呼ばれる年代になりましたが、今でもこれから先の人生でも「これもやってみたい」「あれもやってみたい」ということがたくさんあります。

OXONの同窓会に顔をだしてみると、今現在やっている仕事のことを話すのと同じぐらい、「何年先に私は〇〇〇をしていると思います」といったような会話がよくされています。

「でも」が呼び込むネガティブ思考

「散歩にでかけようか」「でも気分が乗らないから……」

人の意見や、問いかけに対してよく「でも」と続けて言う人がいますね。「でも」という言葉は、相手が話している間に、次に来る文章をすでに決めてしまっているため、人の話を素直に受け入れたり、感動したりすることが少なくなってしまいます。「でも」と口にした時点で、会話全体がネガティブな方向に進むことがあります。

まず、今日からあまり「でも」という言葉を言わないようにすることが大切です。思考を常にポジティブに保つことで、行動もポジティブに、結果もポジティブになることがあります。新たな行動力を生み出すか否かは、日頃の口癖の中ですでに決まっているのかもしれません。ほんの少し心の持ちようを変えるだけでも、冒険に繋がる気力が湧いてくることがあるのです。

35 旅立ちは「自分軸」と「時間軸」で決める

これまでは身近でできる冒険の方法とその効果についてみてきました。さらに、強い刺激を求めてもっと冒険をしたいという思いが出てくるかもしれません。「いつ、どこにいけばいいのだろうか」、ついつい考えがちになってくるのではないでしょうか。

ＯＸＯＮの学生は休暇期間によく旅行に出かけます。イギリス国内だけをとってもたくさんの魅力的な観光地があります。ビックベンや大英博物館のあるロンドン、大聖堂がそびえ立つカンタベリー、シェークスピアの聖地ストラットフォード・アポン・エイボン、エジンバラ城のあるスコットランド、ピーターラビットで有名なウェールズの湖水地方、数えきれません。

英国は大陸とは離れた位置にあるのですが、ロンドンとパリを結ぶユーロスター鉄道が走っており、短時間で移動することができます。また、そこからは飛行機や、テレビでもよく見かけるような列車の路線が欧州全域に張り巡らされているので、大陸諸国内の移動も楽にできます。

私もヨーロッパを電車で移動した経験があります。車窓から見える、国ごとに移り変わる美しい景色に魅惑されることやさまざまな人々との出会いは、学業に追われマンネリ化した日常に、新たな刺激を与えてくれました。

「自分軸」と「時間軸」を頼りに

私は、旅行などを計画する時は「自分軸」と「時間軸」を使って決めています。

「自分軸」とは、自分から余分な部分を取り去った後に残る芯のような部分です。言いかえれば、多くの情報に頼らず、またあえて誰にも意見を求めずに、自然に湧き出てくる願望のようなものでしょう。

たとえば、公園を散歩していて風に触れたとき、急に「オランダの風車が見たい!」というような感情です。「時間軸」は、文字通り自分に許された時間的余裕です。この2つの軸を基本にして冒険をタイプ別に見てみましょう。

縦軸を「自分軸」（中心より上は意欲が高く、下は低い）、横軸を「時間軸」（中心より右は時間の余裕あり、左はない）としてみると、4つのタイプの冒険ができると思います。Ⅰ象限は、自分のモチベーションは高いところにあるのですが、時間がない場合の冒険、Ⅱ象限は、どちらも十分にある状況、Ⅲ象限は、時間はあるが、モチベーションが低い場合、そしてⅣは、どちらもあまり十分でない場合です。

4つの冒険を使い分ける

学生であれサラリーマンであれ、冒険心があったとしても、実際、時間や経済的な制約を受けることは否めません。だからといって、冒険を全くもって諦めてしまうのかといえば、そうではないのです。許された時間と心の持ちようでその時々に可能なタイプの冒険をしてみてください。

現在私が勤務している東京外国語大学の学生の多くは在学中に1年程度休学して、自分の専攻する言語の国へ留学します。英米仏独露などの先進国をはじめ、ラオス、ミャンマー、インドネシアなどのアジア諸国、アフリカや中東諸国など、さまざまな国々に行きます。学生たちは、1年間という十分な時間を使って、語学の習得や自己研鑽を積むた

冒険計画マトリクス

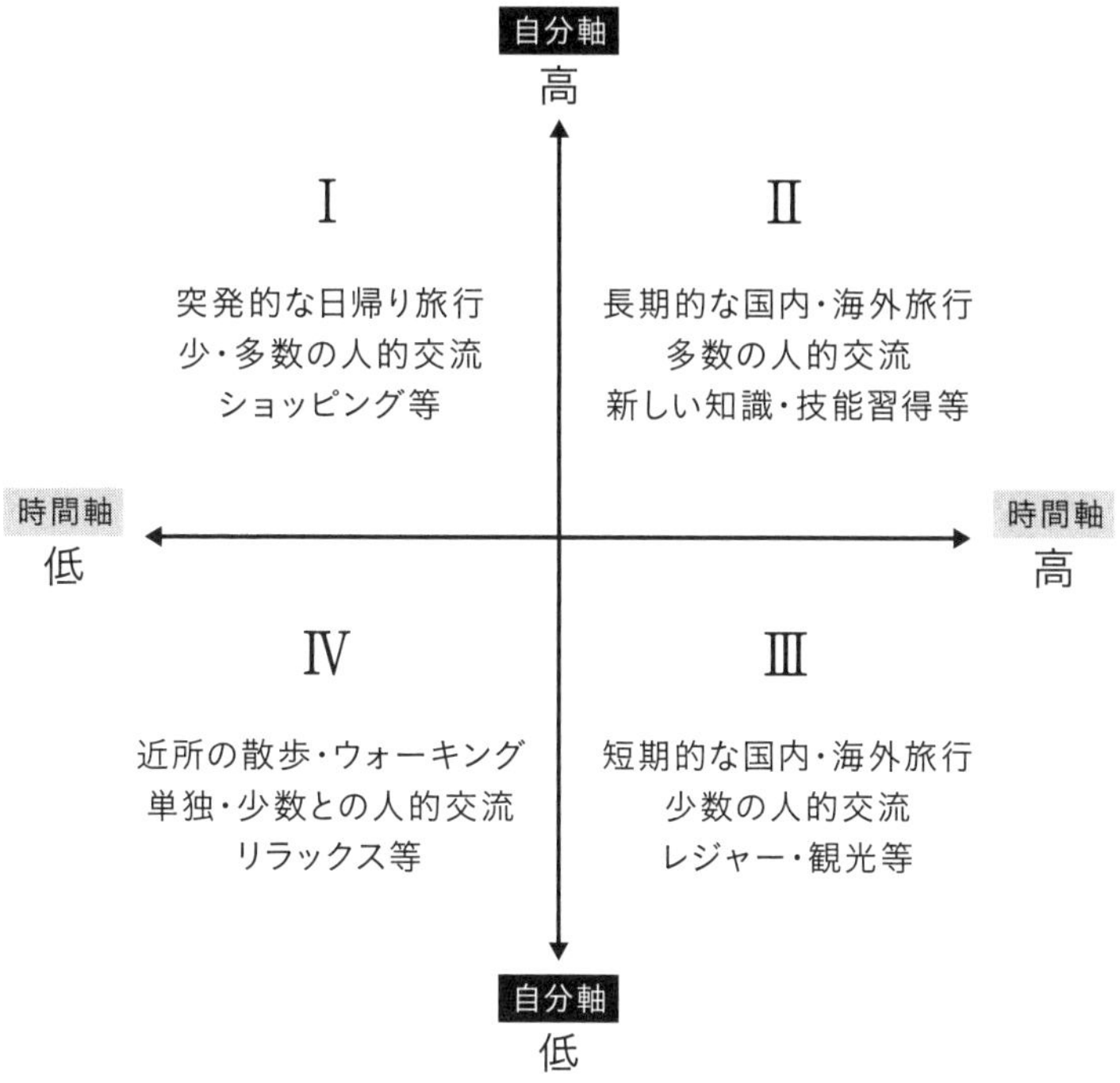
自分軸
高
Ⅰ
突発的な日帰り旅行
少・多数の人的交流
ショッピング等
Ⅱ
長期的な国内・海外旅行
多数の人的交流
新しい知識・技能習得等
時間軸
低
時間軸
高
Ⅳ
近所の散歩・ウォーキング
単独・少数との人的交流
リラックス等
Ⅲ
短期的な国内・海外旅行
少数の人的交流
レジャー・観光等
自分軸
低

め、思いのままに留学していきます。これは先に述べたⅡ象限の理想的な「冒険」のパターンだと思います。

「自分軸」を確固としたものにするためには

先に「自分軸」について簡単に説明をしたのですが、人によっては「自分軸なんて持っていない」「どのようにすれば自分軸を持つことができるのか」と思ったりするかもしれません。

OXONは実にこの「自分軸」を持った人が多く集まっている場所であると思います。「自己を確立している」と言い換えれば分かり易いかもしれません。「自分軸」を持つことで、彼らには明らかに共通する特徴があるのです。

- **「自分軸」が人生に必要不可欠なものであることを認識している**
- **人に頼り過ぎず、自立した人間になる**
- **重要な決断をする際の明確な基準が存在し、ぶれない**
- **失敗を恐れない、もしそうなったとしても戻る軸がある**

・自己が確立している反面、他者の気持ちを思い測る心の余裕がある

子ども、学生、部下に自分軸がない、と思われた場合は、彼らが自分軸を持つことの重要性に気付いておらず、その見つけ方が分からない場合が多いと思います。また「自分と向き合うことが苦手」「自分らしさを持つことが恥ずかしい」と思っているかもしれません。こうした傾向は集団主義を特徴とする日本社会でよくあることだと思われます。

これまで説明してきた「自分軸を明確にする」ことは、裏返せば他人と交流することではじめて自分の「輪郭」が浮かび上がってくることを意味します。

OXONは人種、言語、文化などが異なる多くの人々が交わる場所です。最初は「自分軸」がはっきりと分からなくても、やがて浮かび上がってきます。

私たち日本人が「異文化」を理解する姿勢を持ち、次に「自分」たちの文化や価値を改めて顧み、次に、そしてお互いの意志を「言葉」で伝え合う、この「異自言《いじげん》」が「異次元」の冒険をする条件となります。

また最初から「自分軸」をあまり確固として決めつける必要はありません。「自分軸」は最終的には他者との交流の中で常に影響を受けながら、状況によって適宜変化する柔軟性が求められるからです。

〈 Chapter 6 〉

Summary

- 野心家の群れに入り、ポジティブな「空気感」に感染する
- 「自己効力感」で心配事を取り除く
- 「言ってみる、はじめてみる、居続ける」の遊び心を忘れず
- 毎日できる身近な冒険から五感を活性化させる
- 未来の「ライフイベント」を思い描いて生きる

Chapter

7

相手に最高の印象を与える「表題力」

A Jack of all trades is master of none.

自分を伝え、相手を知る「表顕力」

皆さんは「Mr.ビーン」をご存知でしょうか。誰もが一度はテレビなどで見たことがある、英国の人気コメディ番組です。Mr.ビーンを演じるR・アトキンソンは、先述したようにOXONの卒業生です。名門クイーンズ・カレッジで理学を学んでいた頃からコメディアンとしての頭角をあらわし、街にある劇場を渡り歩き、笑いをとっていたそうです。

Mr.ビーンのコメディはほとんど会話がありません。彼の豊かな表情とユニークな動きは観る人々を惹きつけ、笑いを誘うのです。本章で後述しますが、これは言葉によらないコミュニケーション、すなわち非言語コミュニケーションによる「表顕力《ひょうけん》」であると言えましょう。

36

表題力をスキルアップするためのポイント

ＯＸＯＮをはじめ、世界で活躍するエリートたちは学力や才能だけではなく、自分を引き立てて周囲に見せることに長けた人が多いと思います。育った環境、受けてきた教育、そして交流してきた人々との関係性、すべてが上手くとけ合い、さらにマナーや礼儀、ファッション性などが加わることによって「表題力」が発揮されているのです。

・自分の話したい意見の本筋を見失わない

会話中、場の雰囲気で話が止まったり、違う話題に飛んでしまったりすることがあります。ＯＸＯＮ人たちは、その場の雰囲気に流されないようにするために、どういう意見を相手に伝えたいのか、自分の中であらかじめはっきりさせておき、それを常に意識して会話する傾向があります。

・相手を気遣う心

国家観、価値観、宗教観、男女観、言語観、職場の人との付き合い方など、それぞれの国や文化圏によって特徴があります。国際社会を飛び回る人々は、相手に不快感を与えないための最低限のマナーや知識を前もって身に付けています。

・場を盛り上げる一芸や話術を持っている

ＯＸＯＮのクラスメートと接していて気が付いたのですが、彼らは人前で披露することができる芸や、また趣味や専門知識など、人を退屈させない話題を聞かせる術《すべ》があると思います。ＯＸＯＮには世界のさまざまな国々から人々が集まっているので、各国の民族衣装をまとった学生が、各々の伝統的な歌謡や舞踊を披露することがよくありました。

クラスメートのイギリス人は数学の教師でありながら、「オペラ歌手」という別の顔を持っていました。ある日彼がオペラについて話してくれたことがありました。オペラの歴史や歌唱方法など、彼自身が受けてきた教育やコンサートでの失敗談などを交え面白く語ってくれたのです。私はオペラに関して特に知識があるわけではないのですが、彼の話についつい聞き入ってしまい、気が付けば長時間が過ぎていました。他にも、同じような経験を何度もしました。

衣食住はシンプルが基本

また衣食住のセンスにも「表題力」が必要となります。

OXON人には衣食住、すべてに共通した一種のファッション感覚が存在していると思われます。実に簡単、「素朴でシンプル」「実用的で長持ち」が基本でしょう。

「国富論」や「神の見えざる手」という言葉で有名な、経済学の父と呼ばれるアダム・スミスは次のように述べています。

「国民の幸せを実現するために国富論を書いた。だが、人には最低限以上の富は無意味であり、幸福感も増すことがない。また、幸福を求め過ぎることは不幸につながり、地位が高く、金持ちになれば幸福になれる、というのは永遠に満たされない欲望である」

スミスは、人は必要最低限以上の贅沢を追求することは「不幸になる」と言い切っているのです。

私の観察した限りの推測ですが、OXONの学生は在学中、男女にかかわらず服装や髪形、持ち物などファッションにほとんど無頓着であるといっても過言ではないと思います。実際1年を通して夏冬にそれぞれ一着ずつしか服を持たない人もいました。OXON

の街中にはＯＸＦＡＭと呼ばれる古着を販売するお店がいくつかあり、私もクラスメートもよく利用していました。

そのような学生生活を送ったＯＸＯＮ人は、実社会に出てもファッションをはじめ基本的に「シンプルライフ」をモットーとしているように思います。

もちろん、英国にはバーバリーなどの有名店が多数あり、社交の場や、状況に応じてそのような高級ブランド品を身に着けることもありますし、客人用の食器にウェッジウッドを使うこともあります。

ファッションセンスはまず「良き姿勢」から

いくら高級な衣服であっても周囲の評価が良くなければ着用する意味がありません。ＯＸＯＮ人はたとえエコノミーな衣服であっても、それ相応に見栄えする着こなしの「技」を持っていると思います。ずばりその技を一言でいえば「良き姿勢」にあると思います。

私も普段から心掛けていることの一つに、「姿勢を良くする」ことがあります。教壇に立ち大勢の学生から見られるといったプレッシャーもあり、自分の姿勢にはいつも気を付けています。

一般的に良い姿勢とは次のようなものです（立ち座りに共通して）。

・全身に無駄な力が入らない
・頭はまっすぐに、背骨と一直線
・胸を張り過ぎず、かつ背中を丸めない
・両足は肩幅ぐらいに広げる
・両手は前で組むと自信があるように見える

ですが、長時間のパソコン作業で疲れたり、慌ただしく動いたりしていると、どうしても姿勢が悪くなってしまいます。スーツを着るとしわが寄る、シャツの裾がズボンやスカートからはみ出す、襟がだぶつく、靴のかかとが早くすり減る等が頻繁に生じると、姿勢が悪くなっている可能性があるので要注意です。

私は姿勢が乱れているなと感じた時は、重たい荷物を左右均等に持つ、足の親指に重心をかけるなど姿勢を良くするための努力をしています。また定期的に整骨や整体院に行って体中を矯正してもらっています。

パワーアイテムをファッションにとり入れる

ビルマの独立運動の指導者で、ノーベル平和賞を受賞したアウン・サン・スー・チー氏は、OXONの名誉博士です。彼女がよく髪に挿している花の髪飾りは、死別した英国人の夫から誕生日にプレゼントされたものと同じ品種なのだそうです。彼女にとってこの花飾りは軍事政権への無言の抵抗の証であったそうです。

私にもこだわりのあるファッションが1つだけあります。それは「オックスフォード・シューズ（Oxford shoes）」と呼ばれている、甲をひもで結ぶ型の靴です。17世紀ぐらいに、OXONの学生が使用したところからこの名がついたとされています。

OXONでの博士課程を修了し、卒業式に出席した日に、お祝いとして両親からプレゼントしてもらった思い出のある靴なのです。学生時代、街中の靴屋のショーウィンドウに飾ってある美しい靴を眺めては、手の届かぬもどかしさに溜息をついていました。

今でも学会や重要な仕事など、ここぞというときの「勝負靴」として着用している、私にとっては自信と勇気を持たせてくれるパワーアイテムになっています。

仕事に追われる毎日ではファッションにまで気を配る余裕がない場合があると思いま

す。そのようなときでも以下の基本だけは忘れずにいたいものです。

・服装や頭髪は清潔をモットー

衣服店や理髪店などでは自分の希望を言いたくなるものですが、その道のプロに自分に最もあった服や髪形を勧めてもらうとよいでしょう。

・加齢臭を「華麗臭」にする

西洋では実の多くの種類の香水があります。さほど高価なものでなくても、外出時に軽く一振りしていく習慣をつけるとよいと思います。また、時と場合に合わせて香水を使い分けると気分が変わります。

・適度にイメージチェンジをする

毎日同じ洋服を着ていると周囲への印象が薄れていきます。時には思い切ったイメージチェンジをすることも大切です。

37 相手に自分の意思を確実に伝える話し方

「英国王のスピーチ」という映画をご覧になったことがあるでしょうか。発話のハンディキャップに悩む英国王ジョージ六世が、妻や周りの人たちの励ましを受けながら克服し、英国国民に愛される王になるという実話を映画化したものです。第二次大戦が迫る不穏な時代、国王の見事なスピーチには国民を奮い立たせる力があったのです。

①「何を伝えたいか」をはっきりさせる

いわゆる「上手な話し方」においては、表情やジェスチャー、抑揚なども大切です。けれども何よりも大切なのは、相手に話をする際に、「自分は何を伝えたいのか」ということを明確にしておくことです。

好きな異性に告白をするときに、いくら相手の良いところを列挙して褒めてみても「好きだから付き合って欲しい！」という一言がなければ何も進展しないかもしれません。

スピーチやプレゼンであれば、「伝えたいこと」は明確になりやすいはずです。学校の授業でも、教える側が何を学生に伝えたいかがはっきりしていれば内容が伝わりやすいはずです。

②話の「着地点」を決める

私のゼミの卒業生に、プロのMCになった学生がいます。いわゆる話の「プロ」から聞いたのですが、いかなる話し合いであれ「着地点」が必要だということです。

旅客機は、離陸した瞬間から目的地へ向かっています。目的地が決まっていなければ空の上をさまようだけです。会議や打ち合わせなどでも同じことが言えます。話し合いの「着地点」が決まっていないと会話や議論が延々続き、たいへん疲れます。ですから、会議をはじめ複数の話し合いにより何かを考案したり、判断したりする際には「話の着地点を決めておく」ことが大切です。

着地点が決まっていないと、3分にまとめなくてはならないスピーチなどがなかなか終わらず長くなってしまう上に、何が言いたいのかわからなくなってしまいます。聞いている方も苦痛です。

③「伝えたいことを明確にする」「着地点を決める」トレーニング

(1) 1分間トークラリー

まず準備としては、2〜5人くらいの人数を集めます。次に、時間を計るためのストップウォッチなどを用意し、順番を決めます（ペアでやっても構いません）。

順番が決まったら、AさんがBさんに対して、話のテーマ（単語でもいい）を1つ出します。テーマは何でも構いません。Bさんは出されたテーマについて30秒間考える時間をもらいます。30秒が過ぎたら、テーマについてBさんが1分間自由に話します（1分を超えてはいけない。また50秒を切るような短い時間でもダメ）。

とにかくBさんは、そのテーマについて話してください。そのテーマについて知識がなくても構いません。そして時間内におさめることを意識してください。

1分が終わったら、同じように今度はBさんがAさんに何かテーマを出して話させます。

A→テーマ（飛行機）→30秒シンキングタイム→B　1分間トーク（飛行機）

↓B↓テーマ（カマキリ）↓30秒シンキングタイム↓A　1分間トーク（カマキリ）

これを定期的に繰り返していくと話す力が徐々に向上していくと思います。仲間同士で楽しんでやってみてください。

(2)「なぜ問答」

2人でやります。相手は仲が良い友人などを選ぶとよいでしょう。

まずは自由にテーマを決めて2～3分以内で話しましょう。終わったらどちらかが、相手が話したことに対して「なぜ」、と質問します。相手が話した内容を細かく分けて、一つ一つ丁寧に聞きましょう。

このタスクは日本人にとっては少し戸惑うものがあると思います。話し手が普段、無意識に近いレベルで考えていること、あまり深く考えないようにしているところがはっきりするためです。ですが、このタスクに慣れてくると話し手が本当に伝えたいこと、話す際に無意識な忌避してしまうポイントが見えてきます。

私はこのタスクを就職活動中の学生にさりげなく試すことがあり、学生の会話の弱点を補強してあげるようにしています。

38

口よりもモノを言う「体と間」の使い方

西洋文化圏で生活していると、相手と会話する中でさまざまな違いに気が付くことがあります。たとえば、話し相手の表情が豊かである、見たことのないジェスチャー、肩をそっとタッチする、など日本人にはあまりなじみのないものです。こうした、言語以外による意思伝達の手段を「**非言語コミュニケーション**」と呼びます。

一般的に「非言語コミュニケーション」は表情、声の質、服装、立ち居振る舞いなどのことを指します。これらを利用することで、効果的にコミュニケーションを図ることができます。アメリカの心理学者であるマレービアンの研究などは有名ですね。

ＯＸＯＮでの博士課程の生活がいよいよ大詰めにさしかかり、指導教員のフィリップス教授と最後の口述試験（通称ヴァイヴァと呼ばれる）の対策をしているときのことでした。

口述試験をパスしなければ博士号を取得できないため、相当のストレスとプレッシャーがかかります。

さて、話し合いが終わり教授の部屋をでようとしたときでした。「アキト！」と私の名前を呼ぶ教授の声が聞こえたので振り向くと、彼は人差し指と中指をクロスさせるジェスチャーをしながらやさしく微笑んでいました。これは、「クロスフィンガー」といって「Good luck（幸運を祈る）」を意味します。

教授は、私の口述試験の成功を祈って、応援のジェスチャーを送ってくれたのです。普段から真面目で物静かな教授のジェスチャーは、私の緊張した心を解きほぐし、勇気を持たせてくれたのです。

会話を円滑にする非言語コミュニケーション

私たちは会話をする際、ただ言葉だけで意思伝達をしているのではないのです。実は無意識の内に、それ以外の非言語コミュニケーション的な要素から相手の意思を憶測したり、会話をスムーズにしたりする工夫をしているのです。以下では、効果的な非言語コミュニケーションの方法を紹介したいと思います。

・表情

外国の人々から見ると日本人はよく「無表情」であると言われます。私たちは幼い頃から、感情を強く表に出すことをつつしむよう教えられます。こうした習慣が相手に誤解や困惑を招くことがあります。

たとえば、お祝いの席で主役が終始厳粛な表情でいたりすることです。

また若い女性にみられることですが、海外で関心のない男性に声をかけられたとします、言葉では「NO」と言っていても、顔が微笑んでいると、それは「YES」の意味にとられてしまうのです。

「自分の顔は作るもの」であるという考えがあります。「10代から20代の顔は親からもらった顔」で生まれついた顔、「30歳以後の顔は自分が作っていく顔」と言われます。人は歳を重ねるに連れて、生活や仕事の環境が顔に出てくるというのです。アメリカの大統領であったリンカーンは、「40になったら自分の顔に責任を持て」と言いましたが、まさにその通りでしょう。

・ジェスチャー

冒頭でクロスフィンガーのことを話しましたが、これ以外にも海外では実に多様なジェスチャーがあります。ここでそのすべてを紹介することはできませんので、専門書などをご覧頂ければと思います。

また日本人が普段よく使うジェスチャーであっても、文化が違えば意味が違って伝わることがあるので注意が必要です。たとえば写真を撮るときなどでおなじみの指を2本立てる「ピース」のサインは、自分の方に手のひらを向けてしてはいけません。これはイギリスなどでは相手を侮辱することになります。また「OK」のサインですが、たとえばトルコ、ブラジルなどの国々では「侮辱」の意味になるためタブーとなっています。

・視線（アイコンタクト）

シェークスピア劇で有名なイギリスの俳優ローレンス・オリヴィエは一時、上演中の自分の視線や目の配り方について、極度に神経質になったといわれています。世界的に有名な俳優でさえもアイコンタクトに不安を感じ、心を悩ませるのです。

日本人にとっては最も苦手な非言語コミュニケーションであると思われます。実際会話中に日本人はどれぐらいの時間、相手の目を見ていると思いますか。人によって差があると思われますが、ある調査結果によると3分間の会話中で1分30秒ぐらい、5〜10秒おきに視線を逸らすと言われています。

これに対して会話中、相手の目をずっと見る文化を持つ国があります。こうした国の人々が日本人のアイコンタクトを見ると次のように感じるのです。

視線を逸らした瞬間、「今、話している会話の内容に興味がない」「心の中で何か別のことを考えている」「なにかやましいことがある」と捉えられかねません。

ですので、相手が会話中、目をよく見る文化圏の人と話をする場合は、相手が目を見ている間は、我慢して同じように見続けるように心がけてください。

アイコンタクトを効果的に使えるようになりたいと思う方は、自分の好きな俳優などの表情や目の配り方を参考にして、鏡の前で練習してみてください。そして相手と話しているときは「今は芝居中である」と思いながら目を見る習慣をつけてはいかがでしょうか。

・接触とタッチング

これは、会話中に相手の体に軽く触れたりする行為です。また会話の最初や終わりに強く抱き合ったりする「ハグ」などもあります。

これは特にラテン文化圏に属する国の人々などに特徴的だと考えられています。男女を問わず初対面でも平気で相手の体に触れてきたり、抱き合ったりするのです。相手と親しい仲になるに連れてその度合いが強く激しくなっていきます。

日本人は話しているときにあまり相手の体に触れることはしません。特に異性に対してはセクシャルハラスメントなどと誤解されてしまう場合もありますので気を付けてください。

・時間感覚

もし会議や待ち合わせの時間が午後2時と決まっている場合、皆さんならいつその場に行きますか。日本人や他のアジアの国では、約束時間よりも必ず前にその場に行くという傾向があります。このように時間に厳格な感覚を「モノクロニック・タイム」と呼びます。私の大学では留学生のパーティーをよく開くのですが、開始時間前に集まるのはアジアの国々の学生です。

これに対して時間感覚が比較的曖昧と感じられるものを「ポリクロニック・タイム」と呼びます。イタリア、スペイン、南米諸国の人々にみられる感覚で、「時間よりも人の都合が優先される」傾向にあります。

たとえば、待ち合わせた相手が約束時間に遅れてきたとしましょう。日本人なら相手が5分遅れただけでも不安になったり、イライラしたりするのではないでしょうか。イタリアの人々などは、相手が少々遅れてきたぐらいでは怒ったりしません。なぜならそうなった場合、彼らは「相手に何か大切な用事ができたので遅れているのだろう」と思い、許すのです。そしてそれは自分自身がそうなったときでも同じようにして欲しいという気持ちがあるのです。

この時間感覚の違いが存在していることを知らなければ、相手との関係性が崩れてしまう危険があります。また西洋文化圏の国ではホームパーティーに呼ばれたときなどは、少し遅れていく方がよいマナーとなっています。この他にも会話中の「沈黙」も日本と外国では意味合いが正反対になることがあります。

最後に「空間感覚」も大切な要素です。日本では会議場や車の乗車など、ステータスによってつく席が決まっています。もし間違って上司が座る場所に座ってしまうと、ヒンシュクを買うことになります。

言葉に頼りがちな日本人のコミュニケーションスタイルですが、非言語コミュニケーションを有効に使うことによって、相手との話しやすい環境作り、最後まで話を聞く姿勢、落ち着きある態度で接するなどを心がけることが大切です。

一芸達者であっても器用貧乏であるなかれ

39

「イングランド王とよばれるヘンリー八世は、ローマ・カトリック教会からイングランド国教会を分離させた。生涯で6回の結婚を……」

「イギリス企業では、会社法によって作成されたイギリス基準に照らし合わせた個別財務諸表に、税務加減算をして……」

OXONには歴史・文学・経営学など専門分野の知識に長けている人物が多く、「○○○については何時間でも話をすることができる」と胸を張る人がいます。またそれを聞く人たちも、根気強く相手の話に耳を向けるのです。たとえ自分の専門分野と違っていても、です。

実際、学問領域であれ職能、趣味、趣向であれ、実際何か一つのことを深く知っていたり、特技として取得したりしている人は、会話が長続きする、場を盛り上げることに長けていて、尊敬を受けるのです。

私はよく多芸・多趣味であると言われています。決して上手というわけではないのですが、大学の催しなどでは学生の前でピアノやギターの弾き語りをすることがあります。また、海外で開かれる学会の懇親会などでは、ちょっとしたお能の仕舞を披露することもあります。

ただ、どれをとっても中途半端というか、熟達しているわけではないので、何か1つでも「極めている」芸や技能、趣味などをもっている人と話していると、コンプレックスを感じることがあります。一種の「器用貧乏」とも言えましょう。

「芸は道によって賢し」：その道の「評論家」になれ

誰もが自分の趣味や得意分野では、その道の「評論家」であると思います。仲間内や組織の中で自分のプレゼンスを表すために、こうした「評論家」になるとよいでしょう。「評論家」になるとは次のようなことです。

・一定以上のレベルに達していると思われる趣味や知識を持つ
・自分の趣味や得意分野を上手に伝えられる
・「このことは○○さんに聞け」という定評を得る

「ゴルフ」や「野球」などのスポーツ、「釣り」や「登山」などのレジャー、「文学」や「絵画」などの芸術のような、得意とする分野のちょっとした「評論家」になってください。

最近では「歴女」と呼ばれるような歴史や武将などに深い造詣をもつ女性が増えていると言われますね。そうした人と話していると本当に良く勉強されているなあ、と感心することがありますし、会話が長続きし退屈しません。

長い人生の中で「芸は身を助く」

子どもであれ、学生であれ、部下であれ、人々の特性を引き出し、他者が一目を置くような技能や知識を身に付けさせるにはどのようにすればいいのでしょうか。

・何でも構わないので、本人が打ち込めることをさせる
・一つのことを極める前に次のものに気移りさせない
・いろいろなことを同時にさせない
・定期的に習得した知識や技能の披露をさせる
・習得の度合いに応じて賞賛や報酬を与える

一朝一夕に人に教えられる専門性や技能を確立できるものではありませんが、まずは本人が大好きなこと、得意なことを探すことです。「芸は身を助く」という言葉があるように、深く習得した知識や技能が、切羽詰まった時や苦境に直面した時に、解決の糸口に繋がることがあります。また一芸に秀でることは、創造力を活発にするなど、他の効果に繋がると私は思うのです。

たとえ身に付けた技能が直接的に役に立たないとしても、それを「極めよう」としたプロセスの中に、そのような力の宝庫があるのです。

ユーモアは伝える力を強くする

40

西洋諸国では、公式な場であってもユーモアやジョークを交えて会話をすることがよくあります。たとえ初対面であっても、社会的な立場が違っていたとしても、適度なジョークを会話に入れることでコミュニケーションの潤滑油になります。

一方、日本では会話中は相手の話を真摯に聞くことが求められるため、こうしたユーモアやジョークをコミュニケーションとしてとり入れることが少ないと思います。

「ユーモア」や「ジョーク」を別の視点から見てみると、それは相手の話を客観的に、また正確に聞いているからこそ、挟み込むことができる高度なコミュニケーションテクニックなのです。ジョークなどのテクニックを戦略的に利用して、聴衆の心を摑んだり、またビジネスの交渉が有利になったりすることも最近の研究で証明されているぐらいです。

一般的に「ユーモア」や「ジョーク」には次のような効果があると言われています。

- **場の雰囲気を和やかにする**
- **会話がポジティブな方向に進む**
- **話している内容を客観的に聞いている証拠となる**
- **笑いによってチームワークが形成される**

「ジョーク」などをとり入れることで、会話が楽しくなり日常生活が明るくなる、ひいては人生そのものが豊かになるといっても過言ではないでしょう。

上手にジョークを話すコツは、慣れないうちは「短い文を覚える」ように、かつ何度も繰り返し、声に出していう練習を積み重ねていくと流暢に話せるようになります。

「ジョーク」は会話の始まりか終わりに

私は日本を離れ国際的な学会で発表をする機会があります。そのような学会で、特にイギリス人やアメリカ人で自分の発表中にジョークを入れる人をよく見かけます。パターンとしては、発表の出だしの部分が一番多く、次が終わりの部分です。

たとえば、イギリスで開催された学会でネイティブの研究者が、発表の冒頭で聴衆に向かって笑顔で言いました。

「今日は持参したＵＳＢの調子が悪いのでパワーポイントの画像に乱れがあるかもしれません。彼（ＵＳＢのこと）は昨夜、イギリス料理を食べてしまって……。どうぞお許しください！」

彼が自分の準備不足を誤魔化そうとしたのかどうかは分かりませんが、「イギリス料理は美味しくない」というステレオタイプを使ったジョークは、聴衆の笑いを誘い、会場がリラックスした雰囲気になりました。

また会話の最後に入れることも、相手に自分を印象づける効果があります。

プレゼンテーションの最後に発表者が言いました。

「本日の発表はいかがでしたでしょうか、今日の話をお聞き頂いた方々は、研究の半分が片付いたと思われて良いかと思います！」

聴衆の１人がすかさず言います。

「それはいい！　じゃ、もう１回発表してください！（そうすれば研究がすべて終わるから）」

こうした会話が成立するのはジョークを話す者、受け入れる者が共にある程度成熟した文化やコミュニケーションの形態にいるからだと、私は考えています。堅苦しい会話が続くと、かえっていい発想や人間関係性に繋がらないと思いますので、日本人も気軽に話せるような雰囲気が持てるといいですね。

ただ、ジョークやユーモアの中には、「ブラックジョーク」など相手の立場を傷つけるものや、外国の文化を蔑視したものが多数あるので注意が必要です。

「セルフ・デプリケーティング・ユーモア」

最近発表された調査によると、ユーモアや笑いを企業文化に組み込むことで、気難しい上司部下関係が緩和される可能性があるということです。

会話に笑いや冗談を取り込むための一つの手段に、「**セルフ・デプリケーティング・ユーモア**（以下、SDH）」があります。SDHとは「自分をネタにして笑いをとる（自虐ネタ）」方法のことです。TVでお笑い芸人の皆さんが自虐ネタを披露して笑いをとる手法のようなものです。

「鉄の女」と呼ばれたマーガレット・サッチャー元英国首相は、OXONで化学や経済学を学んだ後、政治家になりました。在世中の元首相では初めて、英国国会議事堂内に銅像が建立されました。その際にサッチャーは、「鉄の像になるかと思ったのですが、銅像でほっとしました……銅もいいですよね、錆びないから」と述べ、人々の笑いを誘いました。

私もゼミの時間などにSDHを使うことがよくあります。

「昨日飲み会で遅く家に帰ってお風呂に入ったら、シャンプーと間違えて風呂用洗剤で頭を洗ってしまった」「慌てて家を出てきたので、靴を左右逆に履いていた。どうりで歩きにくいと思った」など、実際にあったことをネタにして笑いをとります。

丁度この本を書いている最中のことですが、サッカーのスペインリーグの試合中に観客席から、選手に向かって差別的な意味を込めてバナナが投げ込まれるといったニュースが大々的に放映されていました。

この行為に対して、この選手は怒りをむき出しにするのではなく、バナナの皮をむいて食べ、「差別を飲み込む」といった意味のユーモアをもって対応しました。彼の行動は世界中の人々の心を打ち、差別反対の賛同者たちを勇気づけたのです。時にユーモアやジョークが世界的な流れを生み出す契機になることを改めて認識しました。

41
「超一流」の余韻を残す手紙の書き方

ロンドンには世界に名だたる敷居の高い一流のお店やレストランが多数あります。おなじみのバーバリー、ダンヒル、ウェッジウッド、フォートナム&メイソンのようなブランド店、ハロッズなど超高級とよばれる百貨店があります。

私もイギリス留学中、ロンドンにあるこうしたお店に「物見遊山」がてら、立ち寄ることがありました。明らかに経済的に余裕のない、着たきり雀のような格好をした私さえも、店員の方々は笑顔で迎え入れてくれ、「御用の際はいつでも声をかけてください」、と優しく話してくれる、そうした態度に感動を覚えました。

伝統と格式のあるお店やレストランは、売られている品々だけではなく、そこで働く人々の接客態度も超一流かつ温かく、まさに「心からのおもてなし」といえるでしょう。

気持ちのこもった手紙

インターネットやメールが意思伝達の主なツールとなった今日、自分の手で手紙を書く機会が減っていると思われます。ついつい便利なメール連絡で済ませてしまうことがよくありますし、最近若い人たちの間では、絵文字や、イラストなど、文字に頼らないコミュニケーションが増えてきています。

私は郷里を離れてきた学生や留学する者に、一度でもいいので両親や友達に手書きの手紙を送るようアドバイスをしています。

私自身、留学で日本を離れるまでは地元にいたこともあり、親しい人たちに手紙を書くことはあまりありませんでした（年賀状やラブレターは別ですが……）。NY留学中にはじめて両親に手紙を書きました。たわいのない日常生活を綴っただけだったと思います。

日本に一時帰省した際に、ふと実家の居間の壁をみたところ、私が送った絵はがきや手紙が、壁やタンスに大切に貼り付けてあるのに気が付きました。私の留学中にその手紙を見た母が嬉しくて泣いていた、と後で聞いて驚きました。その後は、何かの折には定期的に筆をとるように心掛けています。

西洋諸国だけでなく、日本でも素敵な封筒や便箋、カードを専門に販売しているショップがあります。特別な人、記念日、重要なお知らせなどは、できるだけ自筆の手紙かカードを送ると、送った相手に好印象を与えることができると思います。私もOXONのお土産ショップなどで日本の知人に手紙やカードを送り喜ばれた経験があります。

慇懃《いんぎん》な社交辞令、複数名宛にタイプアウトされた文書、字が小さく文字数が多いもの、文書があらかじめ印刷されている市販のはがきなどは、人の歓心を買うことはあまりないでしょう。また酔った時や夜遅くに書いた文書は投函前に必ず読み直すようにするとよいでしょう。

絵文字や顔文字にも気を付けてください。たとえば大方の日本人は「(^○^)」の表情を「笑っている」「喜んでいる」など解釈すると思いますが、これは国によっては「驚いている」や「間の抜けた(口をポカーンと開けている)」表情ととられるようなことがあるからです。心に残るレターの特徴は次のようなものでしょう。

- **市販の文書印刷があるものを使用した場合は必ず一言加える**
- **小説のように読み手が引き込まれるようなストーリー性がある**
- **独自のイラストが入っている**

・相手から相談があった場合は真摯にアドバイスをする（命令調ではない）
・分かりやすく素直にお礼の言葉や、賛辞が書かれている

この他にも、手紙の最後にイギリスのような魅力的な結辞（Very truly yours, Sincerely yours, All the best 等々）を添えてあるものは、読み終えてほのかな余韻が残ります。

たとえ字が汚くても、表現が上手でなくても、気持ちがこもっている文書は相手の心に届きます。今ではスカイプや携帯の無料通話など便利な時代になりました。そうした今でこそ、あえて手書きの手紙を送る習慣を持ってほしいと思います。

今でもOXONをはじめ世界中にいる友人や卒業生たちから、家族や住んでいる街の写真がついたカードが届くことがあります。相手の筆跡、言いまわし、イラストなど、必ず最後まで読んで大切に保管しています。

「コンビアリィティ」を大切に

英語で飲食を共にして懇親を深めることを、conviviality（コンビビアリィティ）と言います。日本語の「同じ釜の飯を食う」という言葉のニュアンスだと思います。

ＯＸＯＮ時代によく家族ぐるみの付き合いをしました。西洋の国々ではお互いにホームパーティーに招待したり、されたりすることが良くあります。自分たちの国の料理や飲み物を振る舞い、家族の写真を見せ合ったりゲームをしたり楽しい一時が過ごせます。日本では親しい間柄でも自宅に人を招き入れることはあまりありません。上司や部下の関係なら「帰りに一杯」とどうしても外で会うことになりがちです。

私の指導教員はよく私と妻を自宅に招待してくれました。奥様の手料理を食べながらおしゃべりをしていると教師—学生の立場を超えて打ち解けることができました。

今では同じように私が留学生を自宅に招待しています。ぜひ皆さんもホームパーティーを開いてみてはいかがでしょうか。お互い普段とは違う側面がみられて、関係が良好になります。

日本の街では日本語で外国人に話しかける

東京外国語大学には、欧米諸国をはじめ、さまざまな国の留学生がいます。英語を母語としない留学生からよく聞く話に、「日本人は街で外国人に話しかけるときは、なぜ英語なのですか。私はイタリア人ですよ」、などがあります。

日本人は、街で外国人に道を尋ねられたりすると「英語」で話してあげることが親切であると思うかもしれません。ですが、日本に来る外国人は、「せっかく日本にきているのだから、日本語を話したい」と思っている場合が多いのです。

数年後に東京オリンピックが開催されます。まずは基本的な挨拶からでいいと思いますので、日本に来た外国の人々にできるだけ日本語で話しかけてあげてください。

グロバリーゼーションが進む今日、日本国内でも海外の人々と接する機会が増えてきました。相手の立場を考え心温まる応対をするのが、世界に共通する「おもてなし」の原点です。

またそれは相手を満足させるだけではなく、もてなす側も喜びを感じるようなものでなくてはなりません。こうした相互関係は、接客や観光だけでなく、社会生活のあらゆる場面において基本となるものでしょう。

42

エリートは不安と苦悩を抱えたまま前進する

ガーゴイルの3つの顔

ここまで本書に目を通していただいたところで、「OXONエリートの素質」や「6つの力」をすでに身に付けている（または、持てる可能性のある）というふうに感じられた方も少なくないかもしれません。

OXONに限らず世界のトップ大学を卒業し、実社会で活躍する人々にはある種、明確な特徴がみられ、かつそれは誰もがちょっとした日常生活の習慣を工夫することで獲得できる能力だと思われます。

研究であれビジネスであれ、世界の第一線で活躍する人物とは、恐れを知らず、何ごとにも果敢に前進する豪傑型のイメージが浮かび上がるかもしれません。特にOXON人は勉強だけでなくラグビーなどのスポーツも超一流であることから自然にそのような人物像が当てはまり易いかと思います。

ですが、実際は全員がそうであるとは限りません。むしろそれと対極をなす素質やメンタリティーを持つ者が少なからず存在するのです。

本書でも何度か話題にしたチュートリアル（個別指導）や厳しい試験、エッセイや論文の提出など、OXON人は誰もが在学中は強いプレッシャーとストレスに悩まされ、そこから生じる「恐怖・不安・苦悩」は常に付きまといます。

OXONのカレッジの外壁に「ガーゴイル」とよばれる人の顔をかたどった装飾を見かけます。ガーゴイルは「魔除け」の役割を担っていると言われていて、代表的な表情は「笑い」「熟考」そして「苦悩」の3つのタイプになっています。

OXONはイギリスの国家が成立するずっと前から存在していて、今日まで数えきれないほどの学生を輩出してきた大学です。

その長い歴史の中で学生たちは「考えては喜び」そして「考えては苦悩し」を繰り返して来ていることが、ガーゴイルの表情から窺えるのです。だからこそ、OXONのエリートでさえも生活や人生に対する不安や辛さを抱えながら生きているのです。

「恐怖・不安」は「安堵・安心」と表裏一体

それではOXON人はどのようにして「恐怖」や「不安」を克服しているのでしょうか。いや、正確にはそれらを抱えたままで前向きに生きていく、そのためにどのような習慣を持ち、また心掛けをしているのでしょうか。

本書の「6つの力」とも関連していると思われますが、改めてここで簡単にまとめたいと思います。

- **他者に尽くし感謝の気持ちを忘れないこと**（不満や愚痴を言わず周囲の好感を得る）
- **身の回りを清潔に保つ**（不衛生からくる心身の病気を予防する）
- **規則正しい食事・運動・睡眠の習慣**（生活のリズムが整い健康になる）
- **物質的な世界から離れ自然と接する**（散歩等でポジティブな思考力と創造力を養う）
- **焦らず長い目で計画を練る**（周りに振り回されることなくマイペースで戦う）
- **仕事だけでなく自己表現をできるスキルを持つ**（芸は身を助く、は世界共通）

いかがでしょうか。ここに列挙したことは心掛け次第で誰でもどこででも実践することができると思いませんか。

私たちは忙しい現実の社会で、こうした基本的な習慣を疎かにしてしまっているだけなのです。この6つの基本を忘れずに、考えては喜び、考えては苦悩し続けることが、常識を打ち破り、世界を歴史を変えることに繋がるのです。

Chapter 7

Summary

◆「シンプルライフ」と実用的で長持ちが基本

◆パワーアイテムは自信と勇気を与えてくれる

◆話の着地点を決め、伝えたい事を明確にする

◆目をよく見る相手には視線を逸らさない

◆ユーモアやジョークでコミュニケーションスキルを高める

◆OXONのエリートでさえ不安と苦悩を抱えている

The Long and Winding Road

「The Long and Winding Road」

英国が生んだ世界で最も有名な音楽グループ、ビートルズのあまたある名曲の中でも、私の特にお気に入りの一曲です。オックスフォード留学中は学業に追われる自らを慰め、ときに奮い立たせようと、いつも聴いたり口ずさんでいましたし、当時から20年が経った今も機会があればピアノの弾き語りをしたりもしています。

この曲名の「遠く曲がりくねった道（＝The Long and Winding Road）」という言葉は、学び合いの中で教える側、学ぶ側の両方の心境に当てはまるものだと思います。何かを教える、そして学ぶことは「遠く曲がりくねった、果てしない道」を悩みながら、歩み続けるようなものなのです。

専門書しか書いたことがなかった私にとって、本書の上梓は一種のチャレンジでした。月日が経つに連れて、オックスフォード大学時代のことが遠い思い出になってしまうのではないか、そんな思いもあって、以前から当時のことを一度書きまとめたいという希望を持っていました。その夢が叶い、今回の出版が実現しました。

さて、物書きを生業にしているとはいえ、いざ、筆をとってみると難しいということが分かりました。学術論文を書くことと違って、私にとって本書を書くことは何から何まで未知の経験でした。「どうやったらうまく書けるのだろうか」、と苦悶することは数知れず、途中で諦めようと思ったぐらいです。

担当編集者の的確な「教え」を受けることで、何とか書き上げることができました。まさに本書のメインテーマである「教え方」の意義を、原稿をやり取りするなかで感じ取っていました。

オックスフォード大学をはじめ、世界のトップエリート大学には明らかに共通する「教え方」があると考えられます。エピソードを思い返そうとすると、お世話になった教授や学びを共にした同期生たちの様子が、まるで昨日のことのように思い浮かんできました。

本書の中でも繰り返し書きましたが、「教える」ことは本当に難しく、忍耐が必要とされる営みです。ですが、別の角度からみてみると、こうした困難やつらさをともなわない「教え方」は、学ぶ側の人々を安心させ、やる気を起こさせることに繋がらないことも確かではないでしょうか。

教える側にある者は、次の2つを心に留めておかなければならないと思います。

見返りを求めてはいけない

教える側が相手に対して、「これだけ教えてあげたのだから、何らかの見返りが欲しい」と思うこともあるでしょう。教える人がそんな気持ちを持っていると、学ぶ側にすぐに見透かされてしまいます。最初から見返りなど期待せず、「一生懸命に教える」ことに徹しましょう。

教える者は相手に背を向けてはいけない

子ども、学生、部下であっても、時が来ればいつか必ず自分達のもとを去って行く日が来ます。教えるものは、教えた相手がいつかは独り立ちすることを覚悟しておくことです。

ですが、彼らの背を見送る日が来たとしても、教える人は決して自分から背を向けてはならないのです。

ここで、現在私自身が取り組んでいることについて書かせていただきたいと思います。

私は、大学で主に海外留学生の日本への受け入れと、日本人学生の海外派遣留学の推進を目的とするプログラムを担当しております。私の授業は留学生と日本人学生が一緒の教室で学び、講義やディスカッションはすべて英語で行われています。留学生の日本語・文化理解、日本人学生の異文化理解を支援することによって、相互理解と切磋琢磨《せっさたくま》ができる人創りに取り組んでいます。

しかし、現実には日本の大学をはじめ、グローバル人材の育成はまだまだの感がありま す。理由は2つあります。

1つ目は、グローバル社会の激しい競争に日本が耐えうるために必要な、エリート人材の育成のための一貫した教育環境が不十分なこと。

2つ目は、グローバル社会で対等に渡り合えるコミュニケーション能力が不足していること。

今日の日本では、長期化する政治・経済の低迷状態、若者の内向き志向などを「ブレークスルー(突破)」し、グローバル社会で活躍する人材の育成が急がれています。そのためには、従来から続いている暗記型、詰め込みを中心とした教え方を見直し、創造性と行動力の双方を持った人材を教え育てることが求められています。

本書のテーマであるオックスフォード大学で実践されている「教え方」と6つの力を身に着けることは、グローバル化の後塵《こうじん》に位置する日本の学校、官庁、ビジネス、すべての人々にとって有用と考えています。近い将来、国境を越えて多様な人種や文化背景を持った人々が日本に渡り住んでくることが予測されます。その意味でも世界の教育界をリードする「教え方」の国内での普及と定着が必要なのです。

最後に、本書の出版にあたりご協力・ご支援いただいた方々に感謝の気持ちを述べたいと思います。

今回、このような貴重なチャンスを与えてくださった朝日新聞出版の佐藤聖一さんに、心からお礼を申し上げます。佐藤さんの理解とアドバイス、そして励ましがなければ、本書はできませんでした。

また、本書を書くきっかけをつくってくださった、株式会社ワオ・コーポレーションの松本正行さんにも厚く御礼申し上げます。

本書に登場するエピソードなどは、オックスフォード大学の友人、恩師、先輩、後輩からいただいた貴重かつ面白い経験談や思い出からヒントを得ました。

また東京外国語大学のゼミ生諸君にもたくさんのアイデアをもらいました。ここですべてのお名前をあげることはできませんが、とりわけ村上昴音さん、佐々木亮さん、松田隼さん、松本崇嗣さん、長谷川宏紀さん、久米理介さん、中村理香さん、岡田直樹さん、大見謝将伍さん、畠ゆりえさんには、本書の企画段階からさまざまな意見をいただきました。

この場を借りて皆様に深く感謝を捧げたいと思います。本当にありがとうございました。


そして、自分の道を進む私のわがままを許してくれた、父と母、兄弟姉妹に感謝の気持ちを贈りたい。OXONの留学に不安を感じる私に、「やりたいことをやれ、お前ならできる」と言ってくれた、両親の言葉がなければ今日の私はなかったでしょう。


偶然の一致となったのですが、本書の出版と、私ども夫婦の結婚20年目の日が重なりました。20年前の7月に式を挙げ、その10日後に二人でイギリスに留学しました。

その日から、今日まで多大なる忍耐力と寛容をもって私の存在に耐え、不在を案じてくれた妻の奈緒美には心から感謝の気持ちを述べたいと思う。また、いつも笑顔で励ましてくれた娘たち、まりや、奈々に。

そして「考えるための散歩」の相手をしてくれた愛犬ココにありがとうと言いたい。

私には未《いま》ださめやらぬ一つの夢があります。本書の出版を機にその夢の実現に向けて進む決心がつきました。

2014年7月吉日

東京外国語大学大学院総合国際学研究院教授
岡田昭人

岡田昭人（おかだ・あきと）

東京外国語大学大学院総合国際学研究院教授。オックスフォード大学教育学博士。1967年生まれ。同志社大学卒業後、ニューヨーク大学大学院で異文化コミュニケーション学の修士号を取得。オックスフォード大学大学院にて日本人で初めて教育学の博士号を取得。東京外国語大学で15年にわたり日本人と留学生に教育学や異文化コミュニケーション学を教えている。現在、研究室は約100名の学生が在籍する人気ゼミ。卒業生には外務省、国連職員をはじめ、民間トップ企業の海外オフィスや教育NGOの要職に就く者が多い。「たけしのニッポン人白書」「爆笑問題のニッポンの教養」など、メディアに出演・協力多数。著書に『教育の機会均等』（学文社）、共著に『国際教育学の展開と多文化共生』（学文社）など。

世界《せかい》を変《か》える思考力《しこうりょく》を養《やしな》う
オックスフォードの教《おし》え方《かた》

2014年7月30日　第1刷発行

著者　岡田昭人

発行者　首藤由之
発行所　朝日新聞出版
〒104-8011　東京都中央区築地5-3-2
電話　03-5541-8814（編集）
電話　03-5540-7793（販売）
印刷所　大日本印刷株式会社

Published in Japan by Asahi Shimbun Publications Inc.
ISBN978-4-02-331310-1
定価はカバーに表示してあります。

落丁・乱丁の場合は弊社業務部（電話03－5540－7800）へご連絡ください。
送料弊社負担にてお取り替えいたします。